KB069360

오십, 삼국지가 필요한 시간

난세의 영웅들이 전하는 삶의 지혜를 만나다

오십, 삼국지가 필요한 시간
난세의 영웅들이 전하는 삶의 지혜를 만나다

초 판 1쇄 2024년 02월 16일

지은이 은파(김인태)
펴낸이 류종렬

펴낸곳 미다스북스
본부장 임종익
편집장 이다경
책임진행 김가영, 윤가희, 이예나, 안채원, 김요섭, 임인영

등록 2001년 3월 21일 제2001-000040호
주소 서울시 마포구 양화로 133 서교타워 711호
전화 02) 322-7802~3
팩스 02) 6007-1845
블로그 http://blog.naver.com/midasbooks
전자주소 midasbooks@hanmail.net
페이스북 https://www.facebook.com/midasbooks425
인스타그램 https://www.instagram/midasbooks

© 은파(김인태), 미다스북스 2024, *Printed in Korea*.

ISBN 979-11-6910-503-3 03910

값 17,500원

미다스북스는 다음세대에게 필요한 지혜와 교양을 생각합니다.

오십,
삼국지가 필요한 시간

난세의 영웅들이 전하는 삶의 지혜를 만나다

은파 지음

미다스북스

2장

오십,
마음을 얻으면 천하를 움직일 수 있다

3장 오십, 한 번의 실수도 위험할 수 있다

4장 오십, 도전하라! 그 속에 답이 있다

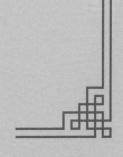

들어가는 글

    중국 역사의 찬란한 삼국시대, 그 긴밀한 시대상(時代相)과 역사의 숨결을 담은 소설 삼국지연의는 무한한 영감과 지혜를 우리에게 선사합니다. 삼국지연의는 용감한 영웅들의 도전과 투지, 그리고 인내와 결단으로 이루어진 강렬한 인생 이야기입니다. 여기에는 중국 삼국시대를 배경으로 삼국 통일을 위해 치열하게 경쟁하던 위나라 조조, 촉나라 유비, 오나라 손권의 영웅담이 담겨 있습니다. 삼국지연의는 중국에서 가장 인기 있는 소설 중 하나일 뿐만 아니라, 이웃 국가인 한국과 일본에서도 오래도록 사랑을 받아왔습니다.

소설 삼국지연의는 중국의 정사(正史)인 삼국지를 바탕으로 만들어졌습니다. 정사 삼국지는 중국 위, 촉, 오의 흥망성쇠와 주요 인물들의 일대기를 기록한 역사서입니다. 삼국지연의는 역사적 사실에 근거를 두고 있습니다. 하지만 다양한 인물의 이야기를 각색하여 인간의 삶에 관해 깊이 있게 조명해 주는 작품입니다. 우리는 삼국지연의를 통해 조조의 야망과 결단력, 유비의 의리와 도덕심, 손권의 지략과 냉철함, 관우의 충절과 용맹, 장비의 기개와 호방함, 제갈량의 지혜와 전략 등을 맛볼 수 있습니다.

삼국지연의 속에 담긴 삶의 교훈은 다양하고 아름답습니다. 이 소설은 삶의 목표를 세우고 그 목표를 향해 달려가는 법, 결코 포기를 모르는 인내의 미학, 협력과 배려를 통해 함께 성장하는 미덕 그리고 용기와 지혜를 통해 세상을 변화시키는 법을 우리에게 가르쳐줍니다.

오십이 넘은 나이는 인생의 중후반기에 접어든 시기입니다. 이 시기의 사람들은 가정을 키워나가고, 사회에서도 중추적인 역할을 맡는 위치에 있게 됩니다. 하지만 이러한 역할을 해나가는 과정에서 정신적, 신체적, 사회적 변화가 급격하게 일어납니다. 따라서 다음과 같은 갈등 상황에 직면하게 될 수도 있습니다.

먼저, 오십 이후에는 삶에 대한 가치관과 목표가 변화하기도 합니다. 이때가 되면 자신이 살아온 삶을 되돌아보며, 남은 인생을 어떻게 살아야 할지 고민하게 됩니다. 자녀의 독립과 부모님의 노환 등으로 인하여 그동안 겪어보지 못했던 심리적 갈등이 발생하기도 합니다.

또한, 오십 이후에는 노화로 인해 신체적 기능이 점차 저하됩니다. 근력과 체력이 감소하고, 시력과 청력이 떨어집니다. 갱년기 증상으로 인해 우울증, 불안감 등의 어려움을 겪기도 합니다. 이러한 신체적 변화는 일상생활에 불편을 초래하고, 삶의 만족도를 떨어뜨릴 수 있습니다.

마지막으로, 오십 이후에는 사회에서의 역할과 위치도 변화됩니다. 개인에 따라서는 직장에서 퇴직 후, 새로운 직업을 찾는 과정에서 어려움을 겪을 수도 있습니다. 한편으로는 사회에서의 위상이 떨어지면서 자존감이 낮아지거나, 소외감을 느끼기도 합니다.

이렇게 오십 이후에 나타나는 삶의 갈등은 각자의 처지와 상황에 따라 다양한 모습으로 나타납니다. 이 중요한 시기에 확고한 가치관을 갖고 삶의 의미를 찾아내지 못한다면, 후반기 인생은 무력감과 좌절로 점철될 수밖에 없습니다. 오십 이후의 다양한 어려움과 갈등을 극복하며 남은 인생을 재정립하려면, 삶에 관한 지혜와 통찰력이 필요합니다. 이를 위해서는 여러 가지 방법이 있습니다. 하지만 삼국지연의만큼 다양한 교훈을 안겨주는 책은 찾기 어렵습니다.

『오십, 삼국지가 필요한 시간』은 삼국지연의에서 얻을 수 있는 삶의 교훈을 중심으로, 온전한 '나'를 찾아가는 여정을 담은 글입니다. 오십 대는 인생의 중반을 넘어선 시기이면서, 새로운 출발을 위한 준비의 순간이기도 합니다. 이 책을 통해 과거의 삶을 돌아보고, 미래에 대한 풍요로운 상상을 그려 나가시길 진심으로 소망합니다.

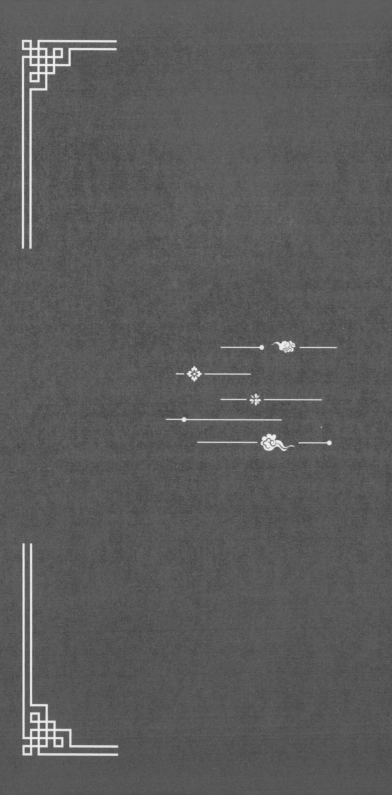

1장

오십,
나를 알아야 세상이 보인다

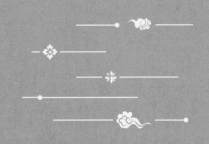

오십의 선택은 목숨을 걸어라

"망설이는 호랑이는 쏘는 벌보다 못하다."

- 사마천

오늘도 내 마음은 춤을 춘다. 마치 봄날의 꽃잎처럼, 가을바람에 흩날리는 낙엽처럼, 이리저리 흔들린다. 오십이 넘은 나이에도 불구하고, 내 마음은 여전히 갈피를 잡지 못한다. 젊은 시절에는 미래에 대한 꿈과 희망으로 가슴이 설레었다. 하지만 지금은 현실의 벽 앞에서 가슴이 무거워진다.

우리는 살아가면서 수많은 선택을 한다. 직장뿐만 아니라 가정에서도, 그리고 주말에 편히 쉬고 있는 순간에도 머릿속에서는 다양한 선택지가 오락가락한다. 새로운 도전을 시작할지, 아이들의 미래를 위해 희생할지, 오십 이후의 삶을 어떻게 설계할지 선택해야 하는 순간이 있다. 그 선택의 순간마다 우리는 늘 불안과 두려움에 떨게 된다. 또한, 많은 준비를 하고도 잘못된 선택은 언제든지 우리를 위기로 몰아넣을 수 있다.

내 개인적인 역사는 반복된 선택의 산물이었다. 특히 직장생활과 관련한 선택은 인생의 전환점이 될 만큼 아찔한 순간들로 가득하다. 지금 돌이켜보면, 너무도 어리고 순진했던 것 같다. 능력에 대한 과신과 현실에 대한 부조화로 인해 무모한 선택을 여러 번 저질렀다. 직장생활 초기에는 '이곳은 나에게 맞지 않아, 사직서를 내고 더 나은 곳을 찾아보면 어떨까?'라는 생각이 머릿속을 지배했다. 이러한 고민으로 시작된 방황 끝에, 네 번이나 사직서를 제출하고 새로운 직장을 찾아 나섰다. 당연히 그 과정에는 '능력에 대한 자신감'뿐만 아니라, 함께 근무한 상사나 동료들에 대한 불신도 있었다. 어쨌든, 네 번의 사직서 제출은 인생의 큰 전환점이 되었다. 그 과정에서 나는 많은 것을 잃었다. 하지만 그러한 경험을 통해 한 걸음 더 성장할 수 있었다.

인생에서 직장 선택은 삶의 방향을 결정하는 중요한 요소이다. 나는 직장을 선택하는 과정에서 많은 고민과 번뇌에 빠졌다. 처음 선택한 직장은 권위적이고 보수적인 분위기가 강한 조직이었다. 하루하루 시간이 흘러가면서 직장생활이란 모두 이런 것일까? 하는 회의감이 점점 커졌다. 그렇게 6개월 동안 힘겹게 적응을 해나가고 있었지만, 결국에는 문제가 발생했다. 어느 순간부터 부조리가 눈에 띄기 시작했고, 이에 관해 문제를 제기하면 무시당하기 일쑤였다. 당연히 시간이 흐르면서 점점 외톨이 신세가 되었다.

당시에 이런 분위기를 도저히 이해할 수 없었다. 그렇지만 나를 빼고는 그 누구도 그것에 관해 문제를 제기하지 않았다. 점점 직장 내에서 소외되고 고립되어 갔다. '왕따'를 경험하지 않은 사람들은 모른다. 그런 상황이 얼마나 비참한지를. 하루하루 지옥 같은 생활이 반복되면서, 점점 삶의 희망을 잃어갔다. 그러다가 살아남기 위해 사직서를 던졌다. 그곳을 떠나지 않으면 정말로 죽을 것만 같았다.

1년여의 준비 끝에, 새로운 직장에 입사할 수 있었다. 물론 두 번째 직장에서도 문제가 없지는 않았다. 하지만 어떻게든 견딜 만했다. 그러나 1년이 지나자 또다시 회의가 밀물처럼 몰려왔다. 이번에는 월급이 문제였다. 당시 1년 연봉을 계산해 보니 앞날이 암울해졌다. 물론 월급이 적은 것은 알고 선택했었다. 하지만 당시의 월급으로 서울에서 가정생활을 유지하는 게 가능할지 걱정이 앞섰다. 아무리 계산해도 그 연봉으로는 안정적인 가정을 이루기가 어려워 보였다. 많은 고민 끝에 다시 한 번 사직서를 냈다. 이번에는 집안에서 난리가 났다.

그때는 그럴 수밖에 없었다. 내 마음은 계속해서 방황하고 있었고, 새로운 도전을 하고 싶었다. 2년간의 시험 준비 끝에 다시 한 번 합격할 수 있었다. 그러나 세 번째 직장에서도 11년 동안 열심히 일했지만, 마음은 여전히 불안했다. 또다시 용기를 내 사직서를 냈다. 이번에는 3년 동안 색다른 경험을 쌓을 기회였다. 3년간 그렇게 다른 회사에서 유익한 경험을 쌓은 후, 다시 원래의 직장으로 복귀했다. 그리고 지금까지도 그곳에서 일하고 있다.

사직서를 낼 때마다 늘 운이 좋았다고 생각한다. 만약 한 번이라도 조금만 어긋났더라면, 지금은 완전히 다른 삶을 살고 있을 것이다. 이제는 오십이 넘었지만, 나름대로 운이 좋은 사람이라고 생각한다. 지금도 계속해서 반복되는 꿈이 있다. 사직서를 주머니에 넣고 고민을 거듭하는 꿈과 다시 시험장에 앉아 있는 꿈이 그것이다. 이런 꿈을 꾸고 나면 잠에서 깨어날 때마다 땀으로 흥건하게 젖어 있는 나를 발견한다. 특히 직장에서 일이 잘 풀리지 않을 때 이런 꿈이 더 자주 나타난다. 그만큼 젊었던 시절의 선택들은 지금까지도 내 삶 속에 깊숙이 새겨져 있다.

책사 진궁, 잘못된 선택은 죽음을 부른다

한나라가 십상시(十常侍)의 난으로 커다란 혼란을 겪고 있을 때였다. 당시 동탁은 헌제(獻帝)를 옹립하고 조정을 장악하였다. 하지만 그의 잔인하고 난폭한 행위로 인해 원성은 날로 높아갔다. 이때 조조는 고민 끝에 동탁을 죽이고 조정을 바로 세우기 위해 행동에 나섰다. 하지만 여포가 동탁을 지키는 바람에 거사는 실패하고, 조조는 도망자 신세가 된다. 동탁의 군대에 쫓겨 도망가던 조조는 중모현(中牟縣)에서 관원들에게 붙잡혀 옥에 갇히게 되었다.

"당신은 천하의 충신임이 분명하오. 나는 한나라에 대한 당신의 충성

심에 크게 감동하였소이다. 나 또한 관직을 버리고 당신과 함께하겠습니다."

당시 중모현의 현령이었던 진궁은 관원들 몰래 조조를 풀어주고 함께 빠져나갔다. 이들은 마땅히 도망갈 데가 없어 조조 부친과 의형제 사이였던 여백사가 사는 곳으로 향했다. 여백사는 조조를 구해준 진궁에게 감사를 표하고 술을 구하기 위해 이웃 마을로 떠났다.

한밤중에 조조와 진궁은 여백사의 식구들이 "묶어서 죽이면 어떨까?"라고 속삭이는 소리를 우연히 듣게 된다. 방안에 몰래 숨어 있던 조조와 진궁은 여백사의 가족들이 자신들을 죽이려 한다고 생각했다. 마음이 다급해진 조조와 진궁은 남녀를 불문하고, 닥치는 대로 여백사의 가족 8명을 죽이고 만다. 그런데 주위를 자세히 둘러보니 부엌에 돼지 한 마리가 묶여 있는 것이 아닌가. 죽은 사람들은 조조와 진궁을 대접하기 위해 돼지를 잡으려고 했던 것이었다. 이런 오해로 인해 두 사람은 의도치 않게 은혜를 원수로 갚고 말았다. 조조와 진궁은 어쩔 수 없이 여백사가 돌아오기 전에 급하게 도망칠 수밖에 없었다.

그렇지만 얼마 후, 그들은 나귀에 술통을 싣고 오는 여백사를 만났다.

"아니, 왜 그리 서두르시는가? 집으로 돌아가서 하룻밤 묵고 가시게 나. 집 식구들에게 돼지 한 마리를 잡아 놓으라고 해 놓았네."
"지금 동탁에게 쫓기는 몸인지라 오래 머무를 수 없습니다. 널리 이 해를 부탁드립니다."

조조는 여백사의 만류를 뒤로하고 말을 달리다가, 갑자기 되돌아가 서 여백사의 목을 베어 버렸다. 깜짝 놀란 진궁은 여백사를 죽인 이유 가 무엇이냐고 물었다. 조조는 "여백사가 집에 돌아갔다가 죽은 가족 들을 보면, 신고할 것이 분명하다. 그러니 죽일 수밖에 없는 것이 아 닌가."라고 담담하게 말했다. 또한, "한 사람 때문에 천하의 모든 이가 나에게 반기를 들게 할 수는 없다."라는 말도 덧붙였다. 이런 조조의 잔혹함에 경악한 진궁은 조조가 잠든 틈을 타 그를 죽이려 하였다. 하 지만 포기하고 그의 곁을 떠난다.

오랜 시간이 흐른 후에 진궁은 여포의 책사로서 조조를 적으로 다시 만나게 되었다. 이 장면에서 진궁의 불행이 시작된다. 진궁은 조조에 맞서기 위해 여러 가지 뛰어난 전략을 여포에게 제안했다. 하지만 그 릇이 작았던 여포로 인해 전투에서 패배하고 포로로 잡히는 신세가 된 다. 평소 진궁의 재능을 아꼈던 조조는 그에게 마지막으로 살 기회를 주려고 하였다. 그렇지만 진궁은 담담하게 죽음을 선택한다.

오십, 선택은 더 신중하게 하라

삼국지에서 진궁의 선택은 시사하는 바가 크다. 조조의 불의와 부도 덕함을 보고 결별을 결정했던 그가 여포의 책사로 자리를 옮긴 일은 의외의 선택이었다. 조조를 떠날 당시의 진궁은 선비로서의 신념을 지니고 있었다. 그런 그가 왜 여포를 선택했는지 궁금하기만 하다. 비 록 여포는 무예가 뛰어났지만, 평소 의심이 많고 남의 의견을 잘 듣지 않는 성격을 지니고 있었기 때문이다. 진궁은 조조와의 전쟁에서 뛰 어난 전략으로 위기 때마다 여포를 구해내면서 많은 업적을 쌓았다. 하지만 가장 중요한 순간에 여포는 그의 계책을 받아들이지 않았다. 그로 인하여 진궁은 조조에게 목숨을 잃게 된다. 어찌 보면 삼국지에 등장하는 수많은 인물 중에서 재능에도 불구하고 빛을 보지 못한 대표 적 인물이 진궁이 아닐까 한다.

우리는 수많은 선택 속에서 살아갈 수밖에 없는 숙명을 지니고 있다. 요즘 세상에서는 잘못된 만남과 선택 때문에 진궁처럼 목숨을 잃는 일은 드물다. 하지만 인생의 고비에서 내리는 선택에 따라 우리는 천국과 지옥을 경험하기도 한다. 어릴 적의 선택은 그것이 잘못되더라도 회복할 시간이 충분하다. 하지만 오십이 넘은 나이에 잘못된 선택이 이뤄진다면, 그 결과는 치명적으로 다가올 수밖에 없는 것이 현실이다.

오십이 넘은 나이에 또다시 사직서를 내고 새로운 도전을 선택하라고 하면 솔직히 지금은 자신이 없다. 비록 20~30대의 나이에 여러 차례 새로운 도전에 나섰던 경험이 있지만, 그때의 나와 지금의 나는 분명히 다른 존재이다. 왜냐하면, 당시에는 잃을 것이 많지 않았기 때문이다. 이러한 현실을 고려해 보면 나이가 들어가면서 재도전의 기회는 조금씩 줄어드는 것 같다.

사표를 주머니에 넣고 고민한 시간, 사표를 제출하기 위해 인사 담당 부서를 찾아갔다가 돌아온 기억, 사표를 제출하고 다시 회수할지 말지 망설였던 순간, 다시 시험 준비를 하며 '과연 다시 잘 해낼 수 있을까?' 하고 고민했던 시간. 이런 기억들은 어떻게 보면 내 인생에서 가장 힘들었던 순간이었다.

삶의 과정에서 내리는 고뇌 어린 선택들은 비단 나에게만 해당하는 것은 아니다. 우리는 살아가면서 인생이 송두리째 뒤바뀔 수 있는 선택의 갈림길에 종종 서게 된다. 이러한 갈림길에서 어떤 이는 결과가 좋아 원하는 삶을 살아간다. 하지만 어떤 이는 잘못된 결정으로 인해 평생을 낙오자로 살아가기도 한다. 이러한 선택의 기로는 오십이 넘었다고 해서 찾아오지 않는 것은 아니다.

반갑고 고맙고 기쁘다
앉은 자리가 꽃자리니라

〈중략〉

앉은 자리가 꽃자리니라
앉은 자리가 꽃자리니라

이 글은 구상 시인의 「꽃자리」라는 시의 일부분이다.

만약 진궁이 조조를 떠나지 않았다면,
만약 진궁이 여포가 아니라 유비나 손권을 찾아갔더라면,
진궁의 삶은 어떻게 되었을까?

오십 대에 이르면 선택은 더욱 신중해야 한다. 젊었을 때처럼 패기 하나로 결정하면 큰 어려움에 부딪힐 수 있다. 특히, 현재 앉은 자리가 구상 시인이 말한 '꽃자리'인지를 정확하게 판단해야 한다. 자신의 강점과 약점을 인식하고, 깊은 성찰을 통해 목표를 다시 정의하는 것도 필수적이다. 현재의 결정이 미래에 어떤 영향을 미칠지를 심각하게 고려하면서, 장기적인 목표를 설정하고 행동해야 한다. 물론 예측한 대로 모든 것이 흘러가지는 않을 수도 있다. 하지만 다양한 시나리오를 고려하면서 후회 없는 선택을 한다면, 좀 더 안정적인 노후가 당신을 기다리고 있을 것이다.

새로운 나를 찾아라

자신의 강점과 약점을 정확히 파악하라.

자기 성찰을 통해 내면의 목소리를 들어라.

목표를 정확하게 다시 정의하라.

현재의 결정이 미래에 어떤 영향을 미칠지 고려하라.

다양한 시나리오를 통해 미래를 예측하라.

자각 Awakening

나이 들수록 나 자신을 돌아봐라

"나는 내가 모르고 있다는 사실을 안다."

- 소크라테스

"네가 나를 모르는데, 난들 너를 알겠느냐, 한 치 앞도 모두 몰라, 다 안다면 재미없지…."

앞의 가사는 김국환의 노래로 1990년대 초반에 나왔다. 그때는 아이들까지 이 노래를 흥얼거렸을 정도로 인기를 끌었다. 당시 이십 대였던 나와 친구들은 '내가 나를 모르는데, 넌들 너를 알겠느냐'라고 개사해 부르곤 했다. 지금도 그 생각에는 변함이 없다. 아무리 노력해도 다른 사람을 모를 뿐만 아니라, 나 자신은 더 모르겠다는 것이 솔직한 심정이다. 이십 대였던 그때는 더 그랬다.

중고등학교 시절에 가장 큰 고민은 '내가 무엇을 좋아하고, 무엇에 재능이 있는지'였다. 선생님은 항상 공부를 잘하는 것도 중요하지만, '가장 잘할 수 있는 일'을 찾는 것이 더 중요하다고 가르치셨다. 당연히 맞는 말이다. 하지만 아무리 생각해도 내가 무엇을 좋아하고 무엇에 재능이 있는지 확신이 서지 않았다.

키가 컸지만 빼빼 마른 몸이라 그런지 운동에는 영 소질이 없었다. 음악이나 미술 분야도 남들 중간 수준을 따라가지 못했다. 독서를 좋아해서 날마다 책 한 권을 교과서 틈에 넣고 다녔다. 하지만 어느 한 분야에 몰입해서 읽지는 않았다. 그러다 보니 인문 사회 쪽에서도 특별히 관심을 기울인 분야가 없었다. 그 당시에는 내가 가장 잘하는 분야를 정말 찾고 싶었다. 하지만 학창 시절에는 그것을 찾아내지 못했다. 지금도 아쉬운 점이 이것이다. 그 결과, 대학교를 결정할 때 재능보다는 점수에 맞춰 선택할 수밖에 없었다.

이렇게 선택한 결정은 내 인생에 큰 파문을 불러왔다. 대학교 1학년

내내 몸에 맞지 않는 옷을 입고 있는 것 같았다. 그 결과 군대에서 제대한 후에는 대학을 자퇴하게 되었다. 다행히도 재수 생활을 통해 다른 대학에 입학할 수 있었다. 물론 새로운 대학에 완전히 만족한 것은 아니었다. 하지만 다시 시작하기에는 너무 늦었다는 생각이 들어 적응하기 위해 노력했다. 이러한 선택은 나중에 네 번이나 직장을 옮기는 결과로 이어졌다. 그때를 생각하면 지금도 후회가 폭풍처럼 밀려온다.

지금도 나 자신에 관해서 너무도 모르고 있다. 내가 어떤 장점을 보유하고 있는지, 내 잠재력은 어디까지인지도 모른 채 살아왔던 결과가 지금의 나를 만들었다. 후회해봤자 이제는 소용없는 일이다. 하지만 남은 삶은 내가 주도적으로 선택하면서 살아가야 한다는 점은 분명하다.

그러기 위해서는 지금이라도 나 자신을 정확하게 파악해야 한다. 지금의 나는 어떤 삶을 살고 싶은지, 과거의 나와 지금의 나를 어떻게 연결할 것인지, 남은 인생에서 또다시 넘어지지 않기 위해 어떻게 중심을 잡아나갈 것인지 잘 살펴야 한다. 과거에는 가능하지 않았다 하더라도, 지금은 결코 적은 나이가 아니기 때문이다.

조조와 유비, 영웅을 논하다

유비와 조조가 힘을 합쳐 여포를 격퇴하자, 백성들은 유비가 서주를 다스릴 수 있도록 해 달라고 조조에게 청을 넣었다. 이에 조조는 잠시 얼굴이 굳어졌다. 하지만 곧 미소를 되찾으며 "유비가 전쟁에서 큰 공을 세웠으니, 천자를 알현한 후에 서주로 돌아와도 늦지 않다."라고 말하며 유비와 함께 허도로 향했다. 이는 유비를 가까이 두고 지켜보기 위함이었다.

상황이 이렇게 되자 유비는 천자를 알현한 후부터 각별하게 몸조심하였다. 유비는 하루 중 대부분을 집에서 채소밭을 가꾸면서 보냈다. 물론 이런 유비를 관우나 장비는 도저히 이해할 수 없었다. 그렇지만 유비는 "자네들은 그냥 지켜보고만 있으면 되네."라고 말하면서 동생들을 달래곤 했다.

시간이 어느 정도 지나자, 조조는 유비를 술자리로 초대했다. 갑작스러운 초대에 유비는 잔뜩 긴장하였다. 하지만 애써 태연한 척하며 조조와 술을 마시면서 여러 가지 이야기를 나누었다. 점차 술자리가 무르익자, 조조는 천하의 대사에 관하여 유비의 의견을 물었다.

"공은 천하를 평정하면서 전국을 누볐으니, 이 시대의 영웅에 대해 잘 알고 계실 겁니다. 누가 영웅이라고 생각하십니까?"

"원술이 병법에도 능하고, 군사와 군량도 부족하지 않으니 그야말로 당대의 영웅이라 할 것입니다."

"원술은 무덤 속의 백골이나 다름없습니다. 별 볼 일 없는 사람입니다."

"그렇다면 하북의 원소나 형주의 유표, 강동의 손책은 어떻게 보십니까?"

"그들 또한 어쩔 수 없는 소인배라고 생각합니다."

조조는 껄껄 웃으면서 유비의 의견을 받아들이지 않았다. 그러자 유비는 "제 좁은 소견으로는 더는 아는 사람이 없습니다."라고 답변하였다. 이때 조조가 조심스럽게 말을 건넨다.

"내가 보건대 천하의 영웅이라 할 사람으로는 장군과 나를 빼고 어느 누가 있겠소?"

이 한마디에 유비는 깜짝 놀라 손에 쥐고 있던 젓가락을 바닥에 떨어뜨렸다. 그때 하늘에서 눈부신 광채가 번뜩이더니 천둥소리가 이어졌다. 유비는 조심스럽게 젓가락을 주우며 말했다. "천둥소리에 그만 놀라고 말았습니다. 추태를 부리게 된 점 용서를 바랍니다." 그러자 조조는 크게 웃으며 "대장부가 어찌 천둥소리를 두려워해서야 되겠소!"라며 유비를 놀렸다. 조조는 '천둥소리에 놀라서 벌벌 떤다면, 틀림없이 필부에 불과할 것이다.'라고 생각하며 만족한 듯 미소를 지었다. 하지만 유비는 비록 지나가는 말이었을지라도 조조가 당대의 영웅으로 자신을 언급한 부분은 불길한 징조라고 생각했다. 유비는 이대로 있다가는 언젠가 목이 떨어질지도 모른다는 생각에 허도를 떠나야겠다고 결심한다. 나중에 이 사실을 알게 된 관우와 장비는 유비의 혜안에 감탄한다.

그리고 얼마 후 스스로 황제라 일컬었던 원술은 세력이 약해지자, 원소에 의지하여 힘을 기르고자 북상하기 시작했다. 유비는 이 기회를 놓치지 않고 서주에서 원술을 막겠다며 조조에게 출전을 허락해달라고 부탁하였다. 조조는 유비를 계속 의심하고 있었다. 하지만 간곡한 청을 거절할 수 없어 군사 5만 명을 내주며 원술의 북상을 저지하라고 명하였다. 이로써 유비는 조조의 손아귀에서 벗어나 독립의 기틀을 마련하였다.

오십, 나를 정확히 파악하라

삼국지에서 조조와 유비의 영웅담 논의 장면을 보자. 나를 정확히 아는 것이 얼마나 중요한지 새삼 깨닫게 될 것이다. 만약 조조가 "영웅이라 할 만한 사람이 당신과 나 외에 누가 있겠소?"라고 말했을 때, 이 말에 동의했다면 조조는 유비를 제거했을 것이다. 그리고 유비는 이에 대항하다가 목숨을 잃었을 수도 있다. 그러나 유비는 자신을 정확히 알고 있었기에 조조의 함정에 빠지지 않았다. 유비는 천하를 경영할 큰 포부를 가지고 있었지만, 그 꿈을 이루기에는 아직 부족하다는 것을 잘 알고 있었다. 보통의 사람이었다면 자신을 뽐내며 실수했을 수도 있다. 그러나 유비는 겸손하게 자신의 한계를 인정하고 조조의 도발에 넘어가지 않았다.

고백하건대 나는 아직도 나 자신을 잘 모른다. 내가 무엇을 잘하는지, 어떤 길이 나에게 맞는지, 아직도 그 해답을 찾지 못하고 있다. 나는 가끔 상상의 나래를 펼쳐보곤 한다. 대학 입학 전에 나 자신을 정확히 알고 있었다면, 지금은 어떤 길을 걷고 있을까? 하는 상상 말이다.

때때로 후회가 밀려온다. 내가 진정 좋아하는 일을 좀 더 빨리 알았더라면, 내 삶은 지금쯤 어떤 모습일까? 하는 후회 말이다. 그러나 후회는 그저 뒤늦은 변명일 뿐이다. 되돌릴 수 없는 과거에 매달려 시간을 낭비할 수는 없다. 이제는 나 자신을 너무도 모르고 있다는 사실부터 인정하고 새로운 길을 모색해 보려 한다.

오십은 그동안의 삶을 반추해 볼 수 있는 황금기이다. 오십 대가 되면 자신을 더 잘 파악할 수 있게 된다. 물론 사람에 따라서는 더 젊은 나이에 자신을 완벽하게 이해하고 있을 수도 있다. 하지만 우리는 대부분 오십이 되어서도 인생의 의미, 현재의 위치, 자신의 정체성에 대해 잘 모르고 살아간다. 오십 대가 되면 대부분 결혼하고 아이들은 이십 대 중반에 접어든다. 빠른 사람은 자녀가 독립하기도 했을 것이다. 이때가 되면 부모라는 이름을 떠나서 나를 되찾고 싶어지게 마련이다. 비록 완전하지는 않겠지만 자녀가 중심이 된 삶이 아니라, 내 삶을 살아가고 싶은 욕구가 강하게 일어난다.

어렸을 적의 혼돈이 사라지고 자녀에 대한 집착도 줄어든다. 그래서 나를 가장 잘 파악할 수 있는 오십 대는 어찌 보면 축복이다. 오십인 지금이 유비의 몸가짐을 내 몸에 체화시킬 가장 좋은 나이일 것이라는 생각도 든다. 어쩌다 보니 오십이 되었다고 한탄하지 말고, 기꺼이 오십을 내 것으로 하는 노력을 기울여야 한다. 지금이라도 다시 꿈을 꾸어보자. 다른 이의 삶을 좇는 삶이 아니라, 진정한 나로 자유롭게 날아가고 있는 그런 꿈 말이다.

나를 제대로 알기 위해서는 과거를 되돌아보고 반성하는 시간을 가져야 한다. 지난 오십 년의 삶에서 얻은 교훈과 경험으로 미래를 설계하고 실천해야 한다. 이제껏 이루지 못했던 꿈을 다시 꺼내 보고, 그것을 실현해 나가는 것도 좋은 방법이다. 지금부터라도 새로운 시작을 준비하며 미래에 대한 희망과 열정을 키워보자.

다시 한 번 강조하지만, 오십 대는 타인의 평가에 휘둘리지 않고 나 자신을 한 단계 성장시킬 수 있는 나이이다. 오랜 시간 동안 무시해 왔던 내면의 목소리에 귀를 기울여 보자. 나를 깊이 이해하면서 새로운 꿈과 목표를 향해 나아가자. 그러면 이제껏 미뤄뒀던 것들을 이뤄나가는 과정에서 진정한 성취감을 느낄 수 있을 것이다. 오십은 단지 숫자에 불과하다는 사실을 잊지 말자.

과거를 극복하고 다시 도전하라

나 자신을 너무도 모른다는 점을 우선 인정하라.

주변 사람들의 솔직한 평가를 수용하라.

과거에서 배운 실수에서 교훈을 얻어라.

오십 대에 맞는 목표를 세우고 열정을 다하라.

두려움을 버리고, 새로운 것에 과감히 도전하라.

의지 Decision

받은 만큼 베풀면서 살아라

"좋은 마음을 갖는 것으로는 부족하다.
중요한 것은 그걸 잘 사용하는 것이다."

- 데카르트

    지방지 기자 출신으로 기초의원이 된 지 4년 만에 도의원에 당선된 지인이 있다. 나는 그가 도의원으로 출마한다고 했을 때 당선이 쉽지 않을 것으로 보았다. 기초의원은 지역구가 좁아 열정만으로 당선될 수도 있다. 하지만 그가 출마한 도의원 자리는 해당 자치단체에서 단 한 명만 뽑는 관계로 당선되기가 쉽지 않았다. 게다가 그는 선거 자금이 부족했을 뿐만 아니라 남에게 돈을 융통하는 성격도 아니었다.

    그런데 결과는 뜻밖이었다. 그는 선거에서 강력한 재선 도의원을 꺾고 당선증을 거머쥐었다. 선거에 관심이 많았던 나는 무척 흥미를 느낄 수밖에 없었다. 그러던 중 당당히 도의회에 입성한 그 의원과 대화를 나눌 기회가 생겼다. 다른 것도 궁금한 점이 많았지만, 조직도 돈도 없이 어떻게 선거에서 승리할 수 있었는지 물어보았다. 그러자 그는 자신만의 맞춤형 선거 전략에 대해 털어놓았다. 그것은 다름 아닌 십고초려(十顧草廬) 전략이었다.

그는 다른 후보자들과 마찬가지로 선거구를 11개 읍·면으로 나눴다. 그리고 각 지역을 총괄할 조직책을 모집하기로 했다. 읍 지역은 본인이 직접 총괄하고, 나머지 10개 면에는 각각 총괄 조직책을 모집하여 운영하기로 한 것이다. 하지만 자금이 부족한 상황에서 모든 지역에 조직책을 운영하는 것은 쉽지 않은 일이었다. 그래서 그는 지역별 조직책 10명을 신중하게 선정한 후, 그들이 조직책을 수락할 때까지 10번 이상 찾아다니면서 설득해 나갔다. 처음에는 물벼락을 맞기도 하고, 어떤 사람은 소금을 뿌리며 쫓아내기도 하는 등 어려움도 많았다고 한다. 하지만 그런 상황에도 불구하고 그는 더 열심히 찾아다니며 간청하고 애원했다. 그렇게 한 달 정도가 지나자, 10명 모두가 조직책을 수락했고 그들의 도움으로 당선될 수 있었다.

참으로 대단한 정성이다. 우리는 살아가면서 자기 능력을 과대평가하는 경우가 많다. 나도 마찬가지였다. 완벽주의자였던 탓도 있었지만, 일하면서 남에게 도움받기를 무척 싫어했다. 사람은 크게 두 부류로 나뉜다. 하나는 나처럼 모든 일을 스스로 해내려는 사람이고, 다른 하나는 조금만 어려워도 남에게 무조건 의지하는 사람이다. 이 두 부류는 사회에서 그다지 환영받지 못한다. 주변 지인들은 나에게 종종 말한다. 완벽을 추구하는 성격 탓에, 빈틈이 없어 보여 다가서기 어렵다고 말이다. 남에게 무조건 의지하는 사람도 마찬가지다. 그런 사람이 주변에 있으면 상당히 성가시다. 스스로 해결할 수 있는 문제도 수시로 도움을 요청한다면 주변 사람들은 피곤해질 수밖에 없다.

우리는 누구나 부족한 부분을 가지고 살아간다. 어떤 사람이든 모든 면에서 완벽할 수는 없다. 하지만 자신의 부족한 부분을 인정하지 못하고, 그것을 숨기려고만 한다면 결코 성장해 나갈 수 없다. 자신의 부족한 부분을 인정하는 것은 곧 자신의 한계를 인정하는 것이다. 그리고 자신의 한계를 인정하면 새로운 성장의 싹이 돋아나게 된다.

부족한 부분을 채우기 위해 노력한다면 우리는 분명히 다시 성장할 수 있다. 이제는 모든 것을 혼자 해결하려는 과욕을 부리지 않는다. 잘할 수 있는 부분에서는 최선을 다하고, 부족한 부분은 다른 사람의 도움을 받으면서 일을 해 나가고 있다. 이렇게 방향을 설정한 이후로는 직장에서는 물론 사회생활 속에서도 생산성이 훨씬 올라갔다. 자신의 부족한 부분을 인정하고, 그것을 채우기 위해 노력한다면 우리는 분명히 더 나은 사람이 될 수 있다.

유비, 삼고초려로 제갈량을 얻다

유비는 작은 전쟁에서는 승승장구하였다. 하지만 원소나 조조의 대군과 맞서서는 대부분 쓰디쓴 패배를 맛보았다. 시간이 지날수록 유비는 점점 위축되었다. 그러다가 당대의 영웅들을 거느리면서도 돌파구를 마련하지 못한 자신을 자책하는 지경에 이르렀다. 이때 유비는 단복과 수경 선생을 만나게 된다. 이들은 유비에게 군사를 이끌 만한 참모로 제갈량을 추천하였다.

유비는 고민 끝에 제갈량을 직접 찾아 나섰다. 관우, 장비와 함께 많은 예물을 가지고 와룡산 기슭에 사는 제갈량의 초가집을 찾아갔다.

하지만 제갈량은 매번 집을 비워 만날 수가 없었다. 이때마다 장비는 투덜거렸다. 하지만 유비는 주나라 때의 무왕이 강태공을 영입하기 위해 기울였던 노력을 언급하며 그를 달랬다. 한겨울이 지나고 초봄이 되자, 유비는 세 번째로 제갈량의 집을 다시 방문했다. 이때 마침내 제갈량을 만날 수 있었다. 하지만 제갈량은 "어지러운 세상을 떠나 초가집에서 농사나 지으면서 은거하고 싶다."라고 말하면서 유비의 제안을 완곡하게 거절했다.

"한나라는 이미 기울어 역적들이 천하를 사정없이 짓밟고 있습니다. 이에 이 유비가 천하에 나가 대의를 이루고자 합니다. 그렇지만 매번 부족한 지혜로 인하여 어디로 나아가야 할지 막막합니다. 부디 선생께서 어리석은 이 사람을 이끌어 주시고, 궁지에 빠진 백성들을 구원하여 주십시오. 이런 사정을 고려하여 부디 이 못난 사람의 부탁을 들어주시기를 바랍니다."

이 당시 유비와 제갈량의 나이는 무려 20살이나 차이가 났다. 그렇지만 유비는 제갈량이라는 천하의 책사를 얻기 위해 모든 체면을 내려놓고 간절하게 청을 올렸다. 드디어 정성에 감동한 제갈량은 유비를 도와주기로 하고 서로 맹약을 맺었다. 훗날 제갈량은 그 유명한 〈출사표(出師表)〉에서 "너무나도 비천했던 저를 높이 평가하시고, 송구스럽게도 몸을 낮추어 제 초가집을 세 번씩이나 방문하시어 천하의 상황을 물으셨습니다. 이에 너무나도 감격한 저는 선제(先帝)의 뜻을 받아들였던 것입니다."라며 당시의 소감을 밝혔다.

이상에서처럼 삼고초려는 유비가 제갈량을 등용하기 위해 초가집을 세 번이나 방문했다는 내용에서 유래한 말이다. 오늘날에도 유능한 인재를 얻기 위해서는 삼고초려의 정신을 가져야 한다는 말이 자주 사용되고 있다.

오십, 이제는 베풀며 살아가라

우리는 싫든 좋든 남을 돕기도 하고, 때로는 남의 도움을 받기도 하면서 살아간다. 이때 가장 중요한 점은 삼고초려의 정신이다. 유비는 관우, 장비, 조자룡 등 당대의 뛰어난 장수들을 거느리고 있었다. 하지만 제갈량을 얻기 위해 세 번이나 찾아갔다. 유비의 삼고초려는 자신의 부족함을 인정하고 타인의 도움을 적극적으로 요청하는 그런 태도였다. 또한, 다른 사람의 재능을 높이 평가하고 그 재능을 끌어내기 위해 노력하는 태도이기도 하였다.

그러나 현대 사회는 치열한 경쟁으로 인해 자신의 재능을 쉽게 내어놓지 않는 경향이 있다. 이는 각 개인의 재능이 모두 돈과 연결되어 있기 때문이다. 아쉽게도 돈이 될 때만 재능을 내놓는 시대가 요즘이 아닌가 싶다.

오십 대가 되면 세상을 보는 시각이 달라진다. 그동안의 삶을 돌아보면 수많은 장애물을 이겨내고 지금의 위치에 올랐음을 알 수 있다. 이러한 과정을 혼자서 이뤘다고 생각하는가? 아니다. 나뿐만 아니라 그 누구라도 주변 사람들의 도움으로 지금의 자리에 있는 것이다. 마치 촘촘하게 박힌 징검다리를 건너듯, 주변인들의 도움은 우리 삶을 지탱해 준 든든한 버팀목이었다.

우리는 태어나자마자 아무것도 할 수 없는 존재였다. 모든 것을 부모님께 의지할 수밖에 없었다. 만약 부모님의 도움이 없었다면, 우리는 갓난아기 때부터 유년기까지 단 하루도 살아남을 수 없었다. 부모님은 우리의 인생에서 제갈량과 같은 존재였다. 그분들의 도움으로 우리는 유년기와 소년기, 청년기를 무사히 넘겼다.

학창 시절에도 마찬가지다. 우리는 스승으로부터 세상을 살아갈 지혜를 배웠고, 친구들을 통해 우정을 배웠다. 그 과정에서 형성된 우리의 내면은 오늘날의 우리를 있게 해준 원동력이 되었다. 따라서 스승과 친구들 또한 우리에게 제갈량과 같은 존재였다. 처음 시작한 직장 생활도 마찬가지였다. 교과 과정과 너무도 다른 직장 생활을 견뎌낼 수 있었던 것은 선배나 상사들의 도움 때문이었다. 그들은 우리를 일으켜 세워주고, 성장할 기회를 제공해 주었다. 그런 선배나 상사들도 우리의 인생에서 제갈량과 같은 존재였다.

오십 대가 되면, 우리는 종종 자신의 노력과 능력만이 성공의 원동력이라고 생각하기 쉽다. 하지만 세상을 살아가는 그 누구도 혼자서는 성공할 수 없다. 우리 뒤에는 언제나 우리를 지지하고 격려해 주는 사람들이 있었다. 그들이 우리의 제갈량이다. 이제 받은 만큼 베풀어야 할 때이다. 우리가 받은 도움을 다시 다른 이들에게 돌려주어야 한다. 세상은 돌고 돈다. 우리가 베푼 도움은 언젠가 우리에게 다시 돌아온다. 오십 대는 중요한 시기이다. 우리가 오십 대를 어떻게 보내느냐에 따라 미래가 달라진다. 우리는 타인의 제갈량이 될 수도 있고, 초한지의 한신처럼 비참한 노년을 맞을 수도 있다.

오십이 넘으면, 부족한 부분은 채우고 받은 만큼 베풀어야 한다. 비록 유비처럼 제갈량을 모시지는 않았더라도 나를 성장시킨 모두가 또 하나의 제갈량이었음을 잊지 말아야 한다. 이제는 그들에게 보답할 때이다. 오십여 년간 쌓아 온 경험과 지식, 삶의 지혜를 나누며 사회에 돌려줘야 한다. 그런 삶만이 나를 더 성장시키고, 후손들이 살아갈 미래도 더 나은 세상으로 만들어 준다.

베푸는 것에서 기쁨을 얻어라

혼자만의 힘으로 오늘날의 내가 만들어지지 않았음을 명심하라.

내 능력과 한계를 정확히 파악하라.

내가 아니라 상대방이 원하는 것이 무엇인지 숙고하라.

나와 상대방이 함께 성장할 방법을 찾아라.

상대방의 성장에서 기쁨을 찾아라.

시기심 Jealousy
질투는 나의 힘이다

"질투는 천 개의 눈을 가지고 있다.
하지만 하나도 올바르게 보지 못한다."

- 유태 격언

회사에서 바쁜 하루를 마치고 집으로 돌아와 창밖을 바라보니, 하늘 가득 눈이 내리고 있다. 마치 온 세상을 하얀 이불로 뒤덮을 듯한 눈발이 검은 하늘과 대비되어 묘한 풍경을 자아낸다. 눈처럼 하얀 마음으로 살아가겠다고 마음먹은 지 오래되었다. 하지만 여전히 내 마음속에는 검은 물감만 가득하다. 문득 기형도 시인의 「질투는 나의 힘」이란 시가 떠오른다.

아주 오랜 세월이 흐른 뒤에
힘없는 책갈피는 이 종이를 떨어뜨리리

〈중략〉

나의 생은 미친 듯이 사랑을 찾아 헤매었으나
단 한 번도 스스로를 사랑하지 않았노라.

오십이 넘은 지금, 나름대로 잘 살아왔다는 안도감과 함께 나 자신을 사랑하며 살았는지에 대한 의구심이 교차한다. 유년기에는 가진 것이 너무도 부족했다. 집안 형편이 어려워 다른 친구들을 부러워하기도 했고, 무엇 하나 잘나지 못해 부족함만 탓하던 시간이 청춘을 가득 채웠다. 그러한 시간이 쌓여갈수록 나 자신을 채찍질하는 것이 일상이 되었다. 그것은 다름 아닌 질투였다. 어쩌면 10대의 나이였던 내 가슴속에는 질투만 가득했던 것 같다.

질투는 경쟁자를 부러워하면서 그를 이기고자 하는 감정이다. 우리는 살아가면서 늘 경쟁의 장으로 내몰리곤 한다. 이러한 경쟁은 선천적인 측면과 후천적인 측면으로 나눌 수 있다. 선천적인 측면은 부잣집 자식으로 태어났는지, 좋은 외모를 가지고 태어났는지와 같은 것들이다. 선천적인 측면은 아무리 노력해도 극복하기 어렵다. 하지만 후천적인 측면은 공부나 직장에서의 승진, 운동 등과 같은 것들이다. 이러한 후천적인 측면은 노력을 통해 얼마든지 극복할 수 있다. 그리고 후천적인 질투는 때때로 어려움을 극복하는 힘으로 작용하기도 한다.

질투는 사람의 마음을 좀먹는 벌레처럼 부정적인 감정으로 여겨지기도 한다. 하지만 이를 잘 활용하면 선천적인 차이도 극복하는 힘이 된다. 기형도 시인의 「질투는 나의 힘」에 나오는 시구에는 이러한 질투의 양면성이 잘 드러나 있다.

질투라는 감정은 어찌 보면 나 자신을 사랑하는 마음의 또 다른 표현일지도 모른다. 그래서 질투라는 감정을 느끼는 것이고, 질투라는 감정으로 인해 나를 사랑하기 위해 온 힘을 기울이게 되는 것이다. 기형도의 말처럼 '질투는 나의 힘'이다. 그렇다고 해서 질투라는 감정을 함부로 사용해서는 안 된다. 내 나름의 단단한 마음이 없이, 그저 상대방에 대한 질투심만으로 가득하다면 오히려 패배자의 길로 들어서게 된다. 질투라는 감정은 오로지 나를 사랑하는 마음속에서, 자신을 도약시키는 기폭제로 사용할 때만 긍정적으로 작동한다.

주유, 질투에 눈이 멀다

주유는 촉나라의 제갈량과 같은 책사이자, 오나라를 대표하는 장군이었다. 적벽대전에서 보여준 주유의 활약은 삼국지의 모든 전투 중에서도 가장 감동적인 장면 중 하나이다. 특히, 조조의 수군을 어떻게 물리칠지 고민하던 주유에게, 제갈량이 각자 생각한 전술을 손바닥에 써서 보여주자고 제안하는 장면은 너무도 인상적이다. 둘은 마치 서로의 마음을 미리 읽은 듯이 화공(火功)을 뜻하는 '불 화(火)' 자를 손바닥에 써넣어 서로에게 보여주었다.

이처럼 이심전심으로 의기투합한 둘은 화공으로 적군을 일사천리로 격파하고 조조를 최대 위기로 몰아넣었다. 하지만 현명한 장수였던 주유도 제갈량의 뛰어난 지략과 촉나라의 부흥에 대한 질투만큼은 어쩔 수 없었나 보다.

주유는 오나라에서 제일 뛰어난 책사였지만 제갈량이 등장하자 불안감을 느끼기 시작했다. 주유의 입장에서는 조조를 무찌르기 위하여 제갈량의 책략이 절실하게 필요하였다. 하지만 당대 최고의 책사인 제갈량이 주유 자신을 위협하거나, 오나라를 멸망시킬 수 있다고 보았다. 결국, 주유는 오나라를 위하여 제갈량을 죽일 수밖에 없다는 결론에 이른다.

주유는 우선 3일 안에 화살 10만 개를 제갈량에게 구해오게 한다. 그리고 실패하면 그것을 핑계로 제갈량을 제거하려 하였다. 하지만 주유는 그 뜻을 이루지 못했다. 다음으로 조조의 대군을 상대로 화공을 펼칠 때 남동풍이 불어오도록 제갈량을 부추겼다. 그리고 남동풍이 불기 시작할 즈음에 그를 제거하려 하였다. 하지만 이번에도 제갈량이 이를 미리 간파하고 대피하여 주유의 계획을 다시 한 번 무산시켰다.

물론 이러한 상황은 적벽대전 이후에도 반복되었다.

주유는 유비가 차지한 형주 지역을 빼앗기 위해 손권의 여동생과의 혼담을 이용하여 자기 성으로 유비를 불러들여 제거하려 하였다. 하지만 제갈량의 계책 때문에 실패하고 만다. 결국, 주유는 형주를 직접 공격하기 위해 5만의 군사를 이끌고 진격하였다. 주유는 형주성이 비어 있는 것처럼 보여 총공격에 나설 준비를 하였다. 그렇지만 이것도 제갈량의 계략에 의해 무산되고 만다. 점점 화가 치밀어 오른 주유는 다시 한 번 반격을 준비한다. 하지만 사자(使者)가 가져온 제갈량의 편지를 읽고 자신의 신세를 한탄하며, 다음과 같은 말을 남긴 다음 숨을 거둔다.

"하늘은 이 주유를 세상에 낳고, 어찌하여 제갈량까지 낳았단 말인가."

주유는 제갈량을 만난 후, 그의 뛰어난 능력에 질투심을 느끼기 시작했다. 그는 제갈량을 제거하기 위해 여러 차례 음모를 꾸몄지만, 번번이 실패했다. 결국, 주유는 36세의 젊은 나이에 한탄 속에서 죽음을 맞이하였다.

오십, 지나친 질투로 나를 망치지 마라

　주유의 한탄은 지나친 질투가 자신을 망칠 수 있다는 교훈을 우리에게 전해 준다. 만약 주유가 제갈량의 신출귀몰(神出鬼沒)한 능력을 적절하게 활용했다면 위나라의 삼국 통일을 막을 수도 있었다. 하지만 주유는 지나친 질투심으로 인해 제갈량을 제거하려 했고 자신의 목숨까지 잃고 말았다. 이처럼 지나친 질투는 자신뿐만 아니라 타인에게도 해를 끼칠 수 있는 위험한 감정임이 분명하다.

　인류 역사에서 질투는 어떻게 작용해 왔을까? 진화심리학적 관점에서 보면 질투는 인간의 생존을 위한 필수 불가결한 요소로서 인간 본성에 내재해 있다고 한다. 수렵 채집 시절의 원시사회에서는 일처다부제(一妻多夫制)나 다처다부제(多妻多夫制)가 보편적이었다. 당시 사회는 기본적으로 모계사회로서 자식들을 공동으로 부양하는 문화를 가지고 있었다. 이러한 상황 속에서는 경쟁이 없을 것처럼 보인다. 하지만 인간 본성에 내재한 소유의 욕망으로 인해 치열한 경쟁이 벌어지기도 했다. 이때의 경쟁 속에는 당연히 질투심도 포함되어 있었다.

질투의 문제는 문화 결정론적으로도 해석된다. 문화 결정론에 따르면 질투는 선천적으로 인간 본성에 내재한 것이 아니라고 본다. 다만, 각각의 문화권에서 후천적으로 학습 받은 결과일 뿐이라고 한다. 그렇지만 둘째 아이가 태어난 후에 보이는 첫째 아이의 질투 반응을 보면, 문화 결정론은 설득력이 조금은 부족해 보인다.

그렇다면 질투라는 감정을 어떻게 바라봐야 할까? 진화심리학적 개념이든 문화 결정론이든 질투는 '건강한 질투'와 '건강하지 않은 질투'로 나눌 수 있다. 우리가 일상에서 주로 사용하는 질투라는 용어는 '건강하지 않은 질투'에 해당하는 경우가 많다. 이런 종류의 질투는 남을 비방하면서 자신을 망치는 상황으로 이어지기도 한다.

반면, '건강한 질투'는 남과의 비교를 통해 자신의 부족한 점을 개선하려는 노력으로 이어져, 나 자신을 한 단계 성장시킨다. 직장에서나 학교에서 좋은 성적을 거두는 사람들과 그렇지 못한 사람들의 차이는 여러 가지 요인에 의해 설명될 수 있다. 그렇지만 그중에서도 '건강한 질투'가 가장 큰 영향을 미쳤을 것이라는 점은 부인하기 어렵다.

오십 대 이상의 경험이 풍부한 사람들은 대부분 '건강한 질투'만 품고 있는 것일까? 비록 이들은 어린 세대보다는 유리할 수 있을지라도, '건강하지 않은 질투'에서 결코 자유로울 수 없다. 그렇다면 '건강한 질투'의 특성을 갖춘 사람은 어떤 자질을 보유하고 있을까? 아마도 자존감이 높은 사람이 질투를 더 건강하게 다룰 가능성이 크다. 그 반대로 자존감이 낮은 사람은 자신을 항상 비하하다가 삼국지의 주유처럼 결국은 파탄에 이르게 된다.

결국, 내가 가진 질투가 '건강한 질투'에 해당하느냐의 여부는 자존감에 달려 있다. 특히, 오십이 넘은 나이에는 더욱더 자존감을 단단히 갖추어야 한다. 그래야만 '건강한 질투'를 유지하면서 삶을 윤택하게 만들고, 추한 모습을 남에게 보이지 않게 된다. 이런 사람은 주유처럼 질투하다가 죽는 실수를 범하지 않는다. 또한, 높은 자존감을 바탕으로 자신만의 제갈량을 유리한 방향으로 활용할 방책을 찾아낸다. 이제는 든든한 자존감만이 '건강하지 않은 질투'에 빠지지 않는 버팀목이라는 점을 인식하고 질투로 인한 실패에 빠지지 말도록 하자.

건강한 질투를 키워라

자신의 단점에만 집중하지 말고, 자신감을 가져라.

다른 사람의 성공에서 자신의 동기부여를 찾아라.

질투의 원인을 파악하고, 그 원인을 해결하라.

부정적인 생각은 최소화하고, 세상을 즐기도록 노력하라.

다른 사람을 인정하는 습관을 들여라.

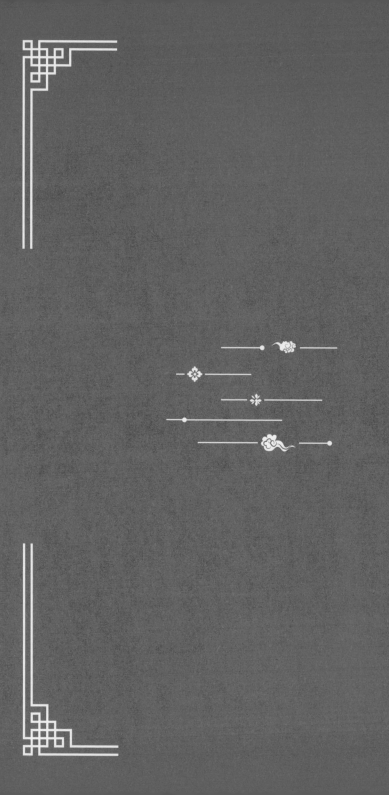

2장

오십,
마음을 얻으면 천하를 움직일 수 있다

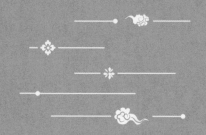

마음이 통하는 친구를 가까이하라

"친구들에게서 기대하는 것을, 친구들에게 베풀어라."

- 아리스토텔레스

뤽 베송 감독의 영화 〈레옹〉을 처음 본 건 1995년 초였다. 대학을 졸업하고 취업 준비를 할 때였다. 고시원에서 홀로 수도승 같은 생활을 하던 차에 〈레옹〉 영화 포스터가 눈에 들어왔다. 평일 오전 시간이라 그런지 어두컴컴한 영화관에는 사람이 듬성듬성 앉아 있었다. 영화 〈레옹〉은 시작부터 강렬했다.

어느 날, 심부름을 마치고 돌아온 마틸다는 옆집에 사는 레옹의 집으로 달려간다. 마틸다는 애타게 초인종을 눌렀다. 레옹은 마틸다의 눈빛에서 살려달라는 간절함과 가족을 잃은 공포심을 읽고 문을 열어 준다. 원래 마틸다는 자신을 학대하던 가족에게는 미련이 없었다. 하지만 유일하게 자신을 사랑하던 남동생의 복수를 위해 킬러가 되기로 결심한다. 레옹은 처음에 마틸다의 부탁을 거절했다. 하지만 12살 소녀의 굳은 결심을 보고 킬러가 되는 법을 가르치기로 한다.

외로운 처지였던 두 사람은 나이를 뛰어넘어 서로의 마음을 이해하고 친구 사이로 발전한다. 물론 여러 장면에서 킬러와 소녀의 사랑을 암시하는 장면이 있다. 하지만 이 둘은 세속적인 선을 넘지 않고 우정을 지켜나간다.

영화 후반부에 이르러 가족을 죽인 범인이 스탠스필드라는 사실을 알게 된 마틸다는 원수를 갚으려다가 오히려 궁지에 몰리게 된다. 스탠스필드는 전 경찰력을 동원하여 아파트를 포위한다. 레옹은 게릴라 전술로 적을 하나씩 제압해 나가지만 수적 열세를 극복하지 못한다. 레옹은 환기구로 연결된 벽에 구멍을 뚫어 마틸다를 탈출시키고 최후의 결전을 벌인다.

이후 경찰 부대의 총공격이 시작되자, 레옹은 부상병으로 위장하여 탈출을 시도한다. 하지만 스탠스필드가 쏜 총에 쓰러지고 만다. 스탠스필드가 레옹의 상태를 확인하러 다가오자, 레옹은 수류탄 안전핀을 뽑아 그와 함께 그 자리에서 폭사한다. 레옹은 스탠스필드가 살아 있는 한 마틸다가 안전할 수 없다는 것을 알았다. 그래서 마틸다를 지키기 위한 최후의 선택을 한 것이다. 레옹의 죽음 이후, 마틸다는 학교 뒤뜰에서 레옹이 아꼈던 화분을 옮겨 심으며 그의 죽음을 애도한다. 학교 뒤뜰에서 화분을 옮겨 심는 마틸다의 공허한 표정을 지금도 잊을 수 없다.

〈레옹〉이라는 영화를 본 후, 진정한 친구란 어떤 존재일지 하는 생각을 종종 하게 되었다. 학창 시절에는 친구가 정말 많았다. 물론 어떤 목적을 위해서 만들어진 친구는 아니었다. 단지 함께하는 자체가 즐거웠던 친구들이었다. 한때는 이들과 영원히 우정을 쌓을 줄 알았다. 하지만 사회에 나온 이후로 많은 것이 달라졌다. 하루하루 바쁘게 돌아가는 시간 속에서 예전 친구들과 연락하는 시간은 점점 줄어들었다. 결혼 이후에는 가족과 보내는 시간이 늘어나다 보니 몇몇 친구들과는 연락마저 끊기게 되었다. 이런 상황은 나이가 들어가면서 점점 가속화되었다. 또한, 직장과 가정이 어느 정도 안정된 오십 대에 이르자 공허할 정도로 친구 관계가 끊겨 있었다.

나름대로 20년 이상을 직장과 가정에 최선을 다해왔고 그것이 정답인 줄 알았다. 하지만 어느 순간부터 몰려오는 외로움이 온몸을 조여오기 시작했다. 지금도 가끔 만나는 친구들이 있지만 예전에 느꼈던 그 순수한 감정은 이미 말라버린 지 오래다. 만나자마자 안부를 묻고 술 한 잔을 털어 넣으며 "아! 옛날이여….'를 외치는 게 전부가 되어버렸다. 그렇다고 옛날로 다시 돌아갈 수도 없다. 그렇게 대책 없이 시간만 흘러가다가 퇴직할까 봐 겁이 나기도 한다. 지금도 외로운데 마음을 나눌 친구가 없는 노년은 얼마나 불행할지 하는 생각에 온몸에 소름이 돋기도 한다. 오늘도 레옹과 마틸다 같은 우정을 함께 나눌 수 있는 친구를 그리워하며 먼 하늘만 바라보고 있다.

도원결의로 기초를 다진다

"우리 세 사람은 비록 성은 다르지만, 신의를 바탕으로 한 형제가 되기로 하였습니다. 마음을 하나로 모아 온 힘을 다해 어려울 때일수록 서로 돕고, 위태로울 때면 서로 구하며, 위로는 나라에 충성을 다하고, 아래로는 백성들을 보살피고자 합니다. 비록 한날한시에 태어나지는 않았지만, 죽을 때는 같은 해에 죽기를 간절히 원합니다. 만일 우리 중 누군가가 의리를 저버리고 은혜를 잊는 자가 있다면, 하늘이시여! 그를 벌하소서."

위 결의문은 유비와 관우, 장비가 복숭아밭에서 서로 의형제의 맹세를 올리는 장면이다. 이때는 나라가 기울어져 가던 시기였다. 무능한 황제를 뒷배로 한 간신들이 국정을 농단하면서, 관리들의 수탈이 심해지고 백성들의 삶은 날로 고통스러워지고 있었다. 이런 상황 속에서 의지할 데 없던 많은 백성이 황건적이라는 유적(流賊)에 합류하였다. 이들의 군세(軍勢)는 하늘을 찌를 듯했다. 관군은 이를 진압하기 위해 나섰으나 황건적의 기세가 너무나도 거세 쉽게 진압하지 못했다. 이에 각 지방의 수령들은 백성들을 모아 의병을 조직하고 황건적에 맞서 싸울 수밖에 없었다.

스물여덟의 청년 유비는 의병을 모집한다는 방(榜)을 보고 난세를 탄식했다. 이때 등 뒤에서 우렁찬 목소리가 들려왔다. "명색이 사나

이가 나라를 위하여 일은 하지 않고 어찌하여 탄식만 하고 있단 말인 가!" 목소리의 주인공은 장비였다. 커다란 목소리에 깜짝 놀란 유비는 "역도 무리를 물리치고 싶지만, 능력이 부족하여 한탄하고 있었습니 다."라고 말했다. 그러자 장비는 "내가 전 재산을 내어놓을 테니, 함께 큰 뜻을 도모하자."라고 제안했다.

의기투합한 유비와 장비는 가까운 주막에 가서 또 다른 영웅인 관우 를 만났다. 관우는 유비와 장비를 보자마자 마음이 통하는 것을 느꼈 고 셋은 즉석에서 의형제를 맺었다. 그리고 세 사람은 죽을 때까지 평 생을 함께하기로 맹세하였다.

삼국지 초입부에 나오는 도원결의는 삼국지 전체를 통틀어 가장 가 슴을 울리는 장면 중 하나로 꼽힌다. 우연히 마주친 세 사람은 짧은 대 화만으로도 서로의 뜻을 알아보고 운명적인 우정을 쌓아 나간다. 아 마도 나라를 걱정하는 마음이 서로 관통했기 때문일 것이다.

책의 종반부에서 관우와 장비의 죽음을 알게 된 유비는 대성통곡을 하다가 기절까지 한다. 이 장면을 보면 이들의 우정은 주군과 신하의 관계를 넘어선 진정한 친구 관계였음을 알 수 있다. 관우와 장비의 죽음 이후, 전장에서 만난 그들의 아들을 보며 유비는 눈물을 주체하지 못한다. 유비는 그들에게 이렇게 말한다. "너희들은 도원결의를 맺은 내 형제의 자식이니, 내 아들이나 다름없다. 이제부터 나를 너희 아버지로 생각해라." 얼마나 가슴이 아프고 먹먹한 장면인가. 도원결의를 생각할 때마다 이런 친구가 나에게도 있으면 얼마나 좋을까 하는 생각에 잠기곤 한다.

오십, 진정한 친구와 함께하라

오십은 쉽지 않은 나이이다. 젊은 날의 열정과 패기는 사라지고 새로운 도전을 하기는 늦은 것 같고, 그렇다고 앞으로의 삶을 포기하기도 이른 나이가 오십 대가 아닌가 한다. 마치 빌딩보다 큰 파도가 휩쓴 후의 적막한 대양(大洋)처럼 오십은 일상의 평온함을 잃어버린 채, 새로운 방향을 모색해야 하는 시기이다. 또한, 하늘을 찌를 듯한 절벽에 매달려 있는 것처럼, 오십은 새로운 삶에 대한 희망과 두려움이 공존하는 시기이다.

공자는 오십이면 '지천명(知天命)'이라고 하였다. 이는 오십이 되면 하늘의 뜻을 알게 되어 성인의 경지에 이른다는 것을 의미한다. 나이의 무게에 짓눌리지 않고, 흰머리와 주름살이 늘어가도 오히려 마음이 편해지는 시기라고 할 수 있다. 그러나 나는 아직도 흰머리를 감추기 위해 염색하고 주름살을 숨기기 위해 화장품을 바르는 등, 젊음을 유지하려는 집착에서 벗어나지 못하고 있다. 물론, 다른 사람에게 잘 보이고 싶은 마음도 있다. 하지만 무엇보다도 나에 대한 만족감을 조금이라도 더 누리고 싶은 마음이 더 큰 것 같다. 이러한 집착이 어리석다는 것을 머리로는 알지만, 마음은 여전히 요동치고 있다.

이렇게 내 지천명은 여전히 어지럽게 지나가고 있다. 하지만 이를 함께 달랠 친구들은 어디에 있는지 손에 잡히지 않는다. 오십이란 나이에 있어 친구란 무엇일까? 아리스토텔레스는 진정한 친구란 '두 개의 몸에 깃든 하나의 영혼'이라고 하였다. 다시 말해 친구는 나의 또 다른 모습이라는 것이다. 그러면 오십 대를 함께할 진정한 친구를 가지고 있는가? 그렇다고 답할 자신이 없다. 물론 아직도 연락하는 친구들은 많다. 그렇지만 그들과 만나도 위로가 되지 않는 것이 지금의 현실이다. 아마 그들도 나처럼 지천명의 나이에 아노미를 겪고 있을지도 모른다.

그러면 지천명이라는 나이에 왜 혼란을 겪고 있는 것일까? 이유는 간단하다. 산업화 이후 가속화된 변화 속도 때문이다. 산업화 시대 이전에는 사회 변화가 느리고 매년 비슷한 패턴이 반복되었다. 그러다보니 오십이라는 나이가 되면 세상의 흐름을 자연스럽게 파악할 수 있었다. 그렇지만 지금은 변화 속도가 너무도 빠르고 예측하기도 어렵다. 흔들리는 세파에 흔들흔들 끌려가는 오십 대가 많아질 수밖에 없는 시대인 것이다.

어느 정도 성숙한 나이가 되었지만, 여전히 헤매고 있을 즈음에 삼국지의 도원결의가 가슴을 움켜잡았다. 지천명을 누리지 못하고 외로움과 혼란을 겪고 있는 이유가 여기에서 어느 정도 보였다. 전부 내 탓이었다. 공허함과 비틀거림의 정체 속에는 '나 홀로서기'가 있었다. 오십이 넘었어도 친구는 그저 필요할 때만 함께하는 친구였다. 그래서 오십이 된 나이에도 마음과 마음이 통하는 진정한 친구를 만나지 못했다.

세월이 흐르면서 가족과 직장만으로는 채워지지 않는 텅 빈 마음이 있음을 알게 되었다. 진정한 친구는 그 누구도 만들어 주지 않는다는 사실도 깨달았다. 내 인생에도 도원결의가 필요하다고 느꼈다. 비록 유비, 관우, 장비처럼 대의를 바탕으로 한 도원결의는 아니더라도, 마음이 통하는 친구만이 나를 지천명으로 이끌어 줄 것이라는 사실은 분명하다. 이제 '두 개의 몸에 깃든 하나의 영혼'을 찾아 나서려 한다. 비록 쉽지 않은 일이지만 마음을 열고 다가선다면, 그 단단한 껍질을 반드시 벗겨낼 수 있을 것이라 믿는다.

오늘부터 당장 도원결의를 가슴에 품고, 긴 여정의 첫발을 떼어 보련다.

바쁘다는 핑계, 다음으로 미루는 일, 이런 것들은 모두 날려버리고, 간절한 마음을 담아 그렇게 걸어가 보련다.

진정한 친구와 함께 성장하라

안부와 근황을 주고받으며 꾸준히 소통하라.

항상 친구의 상황을 이해하고, 먼저 배려하는 마음을 간직하라.

친구의 말을 늘 경청하고, 솔직하게 다가서라.

기쁠 때나, 힘들 때나 항상 함께하며 지지와 응원을 보내줘라.

서로의 관심사를 공유하면서 함께 성장하도록 노력하라.

오직 마음으로 세상을 얻어라

"주먹을 쥐고 있으면 악수를 나눌 수 없다."

- 인디라 간디

〈군도: 민란의 시대〉를 2014년에 처음 보았다. 명대사 "뭉치면 백성, 흩어지면 도적!"으로 유명한 이 영화는 윤종빈 감독이 연출한 퓨전 사극이다. 〈군도〉는 정통 사극과는 달리, 탐관오리에 맞서 싸운 백성들의 투쟁을 그린 작품이다. 우리나라 드라마나 영화는 대개 지배층을 중심으로 한 권력 암투가 주를 이룬다. 하지만 군도는 민초(民草)인 백성의 시각에서 처절한 싸움을 그린 묵직하면서도 가슴을 울리는 작품이다.

영화 〈군도〉는 "뭉치면 백성, 흩어지면 도적!"이라는 명대사를 통해 백성들이 단결해야만 탐관오리의 횡포에서 벗어날 수 있다고 역설한다. 이 처절한 대사처럼, 조선시대 백성들은 거대한 권력 앞에서 무기력했다. 그들은 아무리 노력해도 가난에서 벗어날 수 없었다. 권력층의 노예가 될 수밖에 없었다. 특히, 권력층의 고리대금업은 많은 백성을 점점 지옥으로 몰아넣었다. 고리대금업자들은 백성들의 빈곤을 이용하여 막대한 이자를 요구했다. 이는 백성들의 삶을 더욱더 궁핍하게 만들었다.

조윤은 나주 지역 유지의 서얼이자 조선 제일의 무사였다. 하지만 그는 부패 관료로 악명이 높았던 송영길과 손잡고 백성들을 상대로 고리대금업을 일삼았다. 그들의 전략은 참으로 졸렬하기 그지없었다. 송영길은 관아의 곡식을 굶주림에 시달리는 백성들에게 빌려주었다. 그리고 그 채무를 조윤에게 넘겼다. 조윤은 백성들에게 막대한 이자를 요구했고 빚을 갚지 못하는 백성들은 땅을 빼앗기거나 노비로 전락했다. 그의 악행은 나라에 널리 알려졌고 백성들은 그를 두려워하며 '땅귀신'이라고 불렀다. 상황이 이렇게 되자, 백성들은 산으로 숨어들어 도적이 될 수밖에 없었다.

영화의 주인공인 도치도 예외가 아니었다. 조윤으로 인해 모든 가족이 몰살당한 후, 그는 의적 무리에 합류하여 조윤과 뜨거운 승부에 나선다. 물론 모든 영화가 그러하듯, 결말에 이르러 조윤은 도치와 혈투를 벌이다가 백성들의 죽창에 찔려 죽음에 이른다. 영화를 보고 집으로 돌아오는 길에도 머릿속에는 "뭉치면 백성, 흩어지면 도적!"이라는 대사가 계속 맴돌았다. 시대는 많이 변했지만, 우리 서민들의 삶은 여전히 팍팍하기만 하다. 또한, 사회 곳곳의 부조리는 연일 언론을 뜨겁게 달구고 있다.

작은 쥐도 궁지에 몰리면 고양이를 문다는 말이 있다. 민심은 천심이라고 하는 말이 있듯이, 분노는 세상을 바꾸는 힘으로 돌아온다. 대한민국은 아직도 꿈틀대고 있다. 사람답게 살게 해달라는 외침과 그 변화를 막으려는 권력의 힘은 아직도 대척점에 있다. 군도에서 도치가 염원했던 꿈은 지금도 진행형이다. 다만, 우리가 눈치채지 못하고 있을 뿐이라는 점이 안타까울 뿐이다.

조조, 곤형(髡刑)으로 민심을 얻다

건안 3월, 위나라 조조는 양주 지역의 태수인 장수를 물리치기 위해 출정 길에 오른다. 때는 초여름, 길가에는 벌써 보리가 누렇게 익어가고 있었다. 이를 본 백성들은 조조의 군대를 피해 도망쳤고 아무도 보리를 베지 않았다. 조조는 마을 원로들을 불러 의견을 구한 후, 다음과 같은 포고령을 내렸다.

"내가 부득이 출정하는 이유는, 천자의 명을 받들어 백성들을 괴롭히는 역적을 치기 위함이다. 만약 보리밭을 짓밟거나 농민들의 재산을 약탈하는 자가 있다면 지위에 상관없이 목을 베겠다. 그러니 백성들은 안심하고 보리를 수확해도 좋다."

조조의 말에 백성들은 기쁨을 감추지 못했다. 그러나 하필 비둘기 한 마리가 놀라 날아오르자, 조조가 탄 말이 보리밭으로 뛰어들고 말았다. 조조는 놀란 말을 진정시키고 칼을 뽑았다. 그리고는 "내가 보리밭을 밟는 자는 누구든지 엄벌하라고 했는데, 내가 어겼으니 그 누가 나를 따르겠는가."라며 자결하려 했다. 이를 본 책사 곽가는 깜짝 놀라며 만류했다. 조조는 잠시 생각에 잠겼다. "하지만 아무리 존귀한 자라 하여도 이대로 용서할 수는 없다. 내 머리카락을 잘라 참수를 대신하리라."라고 말하며 머리카락을 한 움큼 잘라 길바닥에 내던졌다. 이를 본 군사들은 백성들의 재산을 함부로 탐하지 않고 군령을 어기는 자가 없었다.

삼국지에서 조조는 대표적인 간신으로 묘사되고 있다. 따라서 그가 진심으로 자결하려 한 것인지, 아니면 또 하나의 위선이었는지는 명확하게 판단하기 어렵다. 하지만 이때까지만 하더라도 조정을 향한 조조의 마음은 진심이었을 것으로 판단된다. 또한, 그의 이런 솔선수범은 군의 기강을 세우는 데 커다란 역할을 하였다.

혹자는 머리카락을 잘라낸 것이 무슨 의미가 있느냐고 물을 수도 있다. 그러나 곤형(髡刑)은 고대 중국에서 죄인의 머리털을 깎는 형벌이었으며 후한 때까지 자주 시행되었다. 조선시대까지만 해도 '신체발부는 수지부모'라고 하여, 소중히 해야 한다는 유교 사상이 깊게 자리하고 있었다. 조선 고종 때 단발령에 거세게 저항했던 것을 보면, 곤형(髡刑)이 상징하는 의미를 어느 정도 이해할 수 있을 것이다. 결국, 조조가 머리카락을 잘라낸 행동은 스스로에 대한 커다란 형벌이었음이 분명하다.

오십, 휴수동행(携手同行)으로 세상에 나아가라

영화 〈군도〉와 조조의 곤형은 우리가 직장생활을 해나가는 데 있어 커다란 교훈을 준다. 우리가 다니는 직장은 국가와는 비교가 되지 않는다. 하지만 직장 또한 작은 사회이기 때문에 조직 내에서의 솔선수범은 가장 기본적인 덕목에 해당한다. 나 역시 직장생활 초기부터 인간관계에 대해 고민이 많았다. 특히 남들과 달리 중간 간부로 직장생활을 시작했기 때문에 더 그러했다. 처음 출근했던 직장에는 친구 매형이 근무하고 있었다. 어렸을 때부터 알고 지냈던 분이라 그런지, 직장 동료로서 그분이 해준 한마디는 지금도 생생하다.

"직장생활은 말로 시작해서 말로 끝난다. 그러니 말의 중요성을 잊지 말아라."

"중간 간부로 시작하지만, 항상 직원을 배려하고 솔선수범하는 자세를 잊지 말아라."

이 말은 내가 직장생활을 하면서 항상 가슴속에 품고 지낸 원칙이다.

첫 번째 원칙은 '존댓말 사용'이다. 말은 한번 잘못 내뱉으면 절대 되돌릴 수 없다. 그러므로 상대에 대한 존중을 표현하기 위해 존댓말을 사용하는 습관을 들여야 한다. 특히, 직장생활에서는 존댓말 사용이 필수라고 할 수 있다. 존댓말을 사용하면 직원들에게 신뢰와 존중의 마음을 전달할 수 있다. 또한, 직장 내 갈등을 예방하고 원활한 의사소통을 촉진하는 데에도 도움이 된다.

두 번째 원칙은 '직원 배려와 동행'이다. 중간 간부로서 나는 항상 직원들을 배려하고 매사에 모범을 보이기 위해 노력했다. 그런데도 직장에서 생활하다 보면 나와 맞지 않는 직원이 나타나곤 하였다. 조직은 다양한 개성을 지닌 사람들이 모여 있는 곳이라 그런 일이 발생할 수밖에 없었던 것 같다. 이런 상황이 발생할 때면, 적성에 맞는 부서로 그 직원을 이동시켜 주었다. 그래야만 조직의 생산성도 유지하고, 그 직원도 새로운 환경에서 성장해 나갈 수 있었기 때문이었다.

'명확하게 지시하기'도 직원과의 동행을 위한 필수 덕목에 해당한다.

중간 간부로 시작했어도, 나 역시 항상 상사를 모실 수밖에 없는 위치에 있었다. 나는 매번 상사가 바뀔 때마다 그 상사를 평가하곤 했다. 생각해 보면 가장 좋은 상사는 명확하게 지시하는 상사였다. 어떤 상사는 지시를 내릴 때 애매모호한 태도를 보이기도 한다. 그러면 자리로 돌아와도 도통 해결책을 찾을 수가 없을 때가 많았다. 그런 점 때문에 직원에게 지시할 때마다 30분 정도 머릿속을 먼저 정리하는 습관을 들였다. 그래야만 직원에게 명확하게 지시할 수 있기 때문이다. 또한, 지시를 내릴 때마다 애매한 것이 사라지지 않으면 반드시 초안을 잡는 습관을 들였다. 그렇게 생활하다 보니 지금까지 업무에 있어 실수가 거의 없었다.

오십이 넘어간 나이가 되면 직장 내에서 중요한 정책 결정을 내리는 위치에 올라가 있는 경우가 많다. 이 나이에 이르면 젊었을 때보다 직원들과 진심으로 동행하는 노력이 더 필요한 이유가 여기에 있다. 영화 〈군도〉에서 주인공 도치는 의적 무리에 들어간 후, 처음에는 개인기에 몰두하면서 여러 번 실패를 맛보았다. 하지만 점점 무리와 한마음이 되어가면서 솔선하여 탐관오리 무리를 멋지게 물리치게 되었다. 조조도 마찬가지였다. 조조는 자기 잘못에 대해 솔직하게 인정하는 모습을 보여 군대와 백성의 신망을 얻었다. 또한, 그러한 힘을 바탕으로 죽을 때까지 천하를 호령할 수 있었다.

　　북풍이 이토록 차갑게 불어오는 벌판에
　　비와 눈이 이처럼 휘몰아치는 쓸쓸한 대지에
　　나는 당신을 사랑하고, 당신은 나를 사랑할지니
　　우리 손을 맞잡고 함께 가보자.

　　윗글은 중국 시경(詩經)의 휴수동행(携手同行)에 나오는 네 구절의 시이다.

　　오십 대는 간단치 않은 나이다. 하지만 휴수동행의 마음으로 나아간다면 내 맘속뿐만 아니라 함께 근무하는 직원들 마음속에도 '군도의 도치'와 '조조의 곤형'이 함께 춤을 출지도 모를 일이다. 이는 결코 어려운 일이 아니다. 다른 사람의 손을 따뜻하게 감싸줄 마음만 있다면 충분하다. 아직도 늦지 않았다. 늦었다고 생각하는 지금이 '휴수동행'의 가장 적정한 타이밍이다.

휴수동행으로 춤을 춰라

진심으로 상대방의 말을 들어주고,

자기 생각과 감정을 솔직하게 표현하라.

서로의 차이를 인정하고 존중하라.

서로의 목표를 응원하고, 격려하는 마음을 잊지 말라.

상대방의 실수를 포용하는 마음을 잊지 말라.

위기가 발생하면 솔선수범하여 손을 잡고 나아가라.

진심 Sincereness

소통의 핵심은 진실성이다

"깊은 밤에 홀로 앉아 있을 때, 비로소 진심을 알 수 있다."

- 채근담

진심은 통한다?

진심은 통하지 않는다?

우리는 흔히 '진심은 통한다.'라는 말을 믿고 살아간다. 나 역시 마찬가지였다. 최근에 개인적으로 직장생활에서 큰 고비를 겪은 적이 있다. 진심이 송두리째 부정당하고 나만 이상한 사람으로 취급당한 사건이 발생한 것이다. 나는 20년 이상 직장생활을 하면서 '진심은 통한다.'라는 믿음을 지니고 살아왔다. 물론 그 믿음은 두 가지 방향으로 영향을 준다고 생각했다. 우선은 남의 진심을 항상 가슴에 새기고 있으면 모든 일이 잘 풀릴 것이라고 믿었다. 또한, 진심으로 남을 대하면 다른 사람도 결국에는 나를 지지해 줄 것이라고 믿었다.

그러나 그것이 정답이 아니라는 사실을 깨닫게 되었다. 상대방의 진심을 믿었지만, 때때로 그 진심이 배신으로 돌아왔기 때문이다. 그중 가장 큰 상처는 금전 관계에서 비롯되었다. 고등학교 시절부터 오랜 우정을 쌓아 온 친구가 있었다. 물론 내 결혼식 사회까지 맡아줄 정도로 친한 친구였다.

어느 날, 비가 주룩주룩 내리는 오후였다. 급하게 서류를 준비하고 있는데 갑작스럽게 친구에게서 전화가 걸려 왔다. 커피숍에서 만난 친구는 잔뜩 상기된 표정을 하고 있었다. 걱정스러워 무슨 일인지 물어봤더니, 실수로 사기를 당해 급전이 필요하다고 하였다. 친구는 아내에게는 비밀로 하고 싶다며 꽤 많은 돈을 빌려달라고 부탁했다.

처음에는 나도 여유가 없어 조금은 망설였다. 하지만 상황이 급하다고 하니 무시할 수가 없었다. 그래서 감당할 수 있는 범위 내에서 돈을 빌려줬다. 그 친구는 한 달만 기다려 달라고 했다. 그렇지만 그 기다림은 1년을 넘겼고 결국에는 친구 관계조차 단절되고 말았다. 돈을 빌려주고 오랫동안 가까웠던 친구를 잃었다.

최근 직장에서 겪은 사건은 내 마음에 더 큰 상처를 남겼다. 나는 항상 진심으로 모든 사람에게 다가가려 노력했다. 하지만 그 진심이 오히려 나에게 불행한 결과로 돌아왔다. 그간 직장에서 큰 문제 없이 잘 지내왔지만, 그날은 예상치 못한 사건이 발생했다. 진심으로 다가갔지만 모든 일은 예상과는 달리 흘러갔고, 그 결과 어이없는 공격을 받게 되었다. 참으로 황당한 일이 벌어진 것이다.

상황이 꼬이자, 그는 나에게 욕설을 퍼붓기 시작했다. 문제를 해결하려 할수록 오히려 더 큰 곤경에 빠져들었다. 그가 펼쳐놓은 검은 그물은 점점 더 조여 왔고 아무리 노력해도 빠져나갈 수가 없었다. 또한, 시간이 지나면서 사건의 본질은 흐려지고 그 사람의 꼼수 논리가 나를 더 나쁜 사람으로 만들었다. 이대로 계속 가면 삶의 의미를 잃을 것만 같았다. 참다못해 그를 인권위원회에 제소하고, 6개월간의 휴직을 결정하게 되었다.

이런 상황을 겪으면서 진심이 통하는지 의구심은 커져만 갔다. 그 시간 동안 마음속에는 부정적인 감정이 켜켜이 쌓여, 점점 이상한 사람이 되어갔다. 하지만 곰곰이 생각해 보니 항상 부정적인 진심만 있었던 것은 아니었다. 그곳에는 긍정적인 진심도 있었다. 내 인생은 어찌 보면 긍정적인 진심의 토대 위에서 성장해 온 것이라는 생각이 들었다. 물론 몇 번의 실수(다른 사람을 지나치게 믿은 것, 내 진심을 제대로 전달하지 못한 것)는 있었지만, 전체적으로 보면 진심의 힘은 크게 작용해 왔다. 휴직 기간인 6개월 동안, 내 진심은 마침내 정의라는 이름으로 돌아왔다. 친구와는 아직도 연락이 닿지 않고 있지만 그건 하나의 에피소드로 남겨두기로 했다.

관우, 은혜는 절대 잊지 않는다

삼국지에서 조조와 관우의 인연만큼이나 잔잔한 감동을 주는 장면은 없다. 둘의 인연은 조조가 유비를 공격하면서 시작된다. 조조는 한 왕조를 차지한 후, 자신에게 위협이 되는 유비를 정벌하기 위해 나섰다. 유비는 장비, 관우와 함께 조조의 대군을 막아내기 위해 최선을 다했지만 패배하고, 삼 형제는 뿔뿔이 흩어지게 된다. 이때 마지막까지 저항하던 관우는 어쩔 수 없이 조조에게 항복한다.

첫째, 한나라의 천자에 항복하는 것이지, 절대 조조에게 항복하는 것은 아니다.

둘째, 유비의 가족들에게 유비와 같은 봉록(俸祿)을 주어 봉양해야 한다.

셋째, 유비의 행방을 알게 되는 즉시 반드시 찾아가게 해달라.

관우는 전멸의 위기에 처해 있음에도 불구하고, 세 가지 조건이 지켜지지 않는다면 끝까지 싸우다가 죽겠다고 선언했다. 조조는 마지못해 관우의 조건을 모두 받아들였고 그렇게 관우와 조조의 인연이 시작되었다. 조조는 유비보다 더 많은 은혜를 베풀면 관우를 자신의 편으로 만들 수 있다고 생각했다.

그래서 그는 관우에게 재정적 지원은 물론이고 적토마까지 선물하며 극진하게 대접했다. 하지만 관우의 유비에 대한 일편단심은 변하지 않았다. 조조는 그런 관우에게 섭섭함을 느끼기도 했다. 하지만 관우가 받은 은혜는 반드시 갚고 떠나겠다고 하자 안심하였다. 이는 관우의 입장에서 어쩔 수 없는 일이었다. 비록 조조로부터 큰 은혜를 받았지만, 도원결의로 맺어진 두 사람의 우정은 굳건했기 때문이다.

때마침 유비가 의탁하고 있던 원소가 조조를 공격해 왔다. 전쟁이 시작되자 조조의 장수들은 원소의 맹장들에게 연이어 패배하고 말았다. 다급해진 조조는 다른 장수들을 출정시키지만, 원소의 장수들을 이겨낼 수 없었다. 이때 관우가 나섰다. 조조는 관우가 공을 세우면 유비에게 돌아갈까 염려되어 내키지 않았다. 하지만 전세가 불리해지자 어쩔 수 없이 관우를 출전시켰다. 바람처럼 달려 나간 관우는 원소의 장수들을 한칼에 모두 베어 버렸다. 마침내 조조는 관우의 활약으로 큰 승리를 거두었다. 이 과정에서 관우는 유비가 살아 있다는 소식을 듣고 조조를 떠나기로 결심한다. 당연히 조조는 말렸지만, 관우는 허락을 받아냈다.

이 장면에서 관우의 인품과 조조의 대범함을 보게 되었다. 만약 관우가 먼저 조조를 만났다면 관우는 조조의 충신이 되었을지도 모른다. 하지만 두 사람은 처음부터 서로 다른 길을 걷게 되었고 함께할 수 없었다. 그렇다고 해서 관우와 조조의 인연이 끝난 것은 아니었다. 나중에 적벽대전에서 패한 조조가 몇몇 장병을 거느리고 탈출을 시도하지만 수많은 위기에 봉착하게 된다. 하지만 조조는 기적적으로 모든 위기를 극복하고 마지막에 관우의 군대와 마주하게 되었다. 상황이 이렇게 되자 조조는 관우에게 사정했다. 옛날의 은혜를 생각해서 살려달라고. 결국, 관우는 한참을 망설이다가 조조를 풀어주었다.

관우는 조조가 베푼 은혜를 잊지 않았다. 제갈공명의 명령을 거스르면서까지 조조를 구한 것은 그 은혜에 대한 보답이었다. 관우의 이러한 행동은 그의 사람됨을 여실히 보여준다. 진심은 통한다는 말이 있다. 관우의 행동이 그 말을 증명해준다.

오십, 진심으로 세상과 동행하라

삼국지에서 유비와 조조는 각각 베푼 대로 결과를 얻었다. 유비는 도원결의로 관우와 의형제를 맺고 관우에게 깊은 은혜를 베풀었다. 이러한 은혜가 바탕이 되어 관우는 유비에게 돌아올 수 있었다. 조조는 관우를 포로로 잡았지만 관우에게 정성을 다했다. 그 결과, 조조는 관우의 도움으로 적벽대전에서 목숨을 구할 수 있었다.

유비, 조조, 그리고 관우의 관계를 살펴보면, '로버트 치알디니'가 『설득의 심리학』에서 언급한 '상호성의 원리'가 떠오른다. 치알디니는 이 원리를 먼저 양보하고 나중에 보상을 얻는 전략이라고 설명한다. 다시 말해, 누군가에게 뭔가를 주면 상응하는 보답을 해야 하는 강박을 느끼게 된다는 것이다. 이러한 '상호성의 원리'가 발전하여 '거절 후 양보 전략'으로 나타나기도 한다. 이 전략은 먼저 무리한 부탁을 하여 거절당한 후, 작은 부탁을 하면 상대방은 내가 양보한 것으로 받아들여 더 쉽게 수락하게 된다는 원리이다. 치알디니의 '상호성의 원리'를 통해 유비와 조조 그리고 관우의 관계를 해석하면, 관우의 행동을 심리학적으로 명쾌하게 이해할 수 있다.

오십이 넘어서도 타인의 진심을 받아들이는 일은 여전히 어려운 과제다. 이때 필요한 것은 로버트 치알디니의 '상호성의 원리'가 아닐까 한다. 이 원리에 따르면, 누군가가 나에게 베풀 때 무조건 선의로 받아들이기보다는 그 진심을 제대로 파악하고자 노력하면 위험을 줄일 수 있다. 즉, 누군가가 나에게 진심으로 다가오면 먼저 그 진심을 받아들이되 객관적인 시각으로 그 실체를 파악하면 된다. 만약 상대방이 자신의 이득만을 위해 접근한다고 판단되면 '상호성의 원리'에 따른 부채 의식에서 벗어나 자유롭게 결정하면 된다.

타인의 진심을 받아들이는 것만큼이나, 진심을 전달하는 일도 어려운 일이다. 이때 중요한 것은, 전달하고자 하는 내용이 반드시 참이어야 한다는 것이다. 거짓으로 내뱉은 말은 오히려 상대방이 나를 불신하게 만들기 때문이다. 따라서 '거절 후 양보 전략'은 부득이할 때를 제외하고는 사용하지 않는 편이 좋다. 비록 원하는 바를 얻지 못하더라도 상대방과 진정한 교감을 나누는 것이 더 중요하기 때문이다.

인간 상호 간의 진심 전달은 쉽지 않은 일이다. 하지만 진심으로 소통하는 것은 우리 삶의 질을 높이고 원하는 바를 이루는 데 도움을 준다. 진심 전달에 있어서 가장 중요한 것은 진정성이다. 진심이 담긴 말과 행동은 상대방의 마음에 깊이 닿는다. 나비 효과처럼 작은 진심이 모여 큰 변화를 일으킬 수도 있다.

오십 대는 진심으로 소통하기에 좋은 시기다. 젊은 시절에는 때때로 진심이 통하지 않아 낙담할 때가 있을 수도 있다. 하지만 오십 대가 되면 그동안 쌓아온 작은 진심들이 열매를 맺기 시작한다. 우리 삶을 되돌아보면 뿌린 대로 거둔다는 말이 참으로 옳음을 알 수 있다. 유비와 조조, 관우는 모두 뿌린 대로 거둔 인물들이다. 오십 대에 이르러 진심의 중요성을 깨닫고 진심으로 소통하는 삶을 살아간다면, 분명 그 결실을 거둘 수 있을 것이다.

진심으로 소통하라

솔직하고 진실한 말로 상대방을 대하라.

말로만 하지 말고 행동으로 직접 진심을 보여주어라.

진심을 전달하기 위해서는 반드시 눈을 맞추고 이야기하라.

상대방의 실수를 용서하고 이해하는 노력을 기울여라.

진심을 전달하기 위해서는 나의 진심을 우선 믿어라.

선의의 거짓말도 거짓말이다

"거짓말은 그 말을 한 사람의 눈빛을 비천하게 한다."

- 안톤 체호프

어려서부터 장난기가 많았던 나는 결혼 후에도 그것을 버리지 못했다. 신혼 초, 가끔 아내에게 선의의 거짓말을 하며 아내와의 거리를 좁히려 했다. 하지만 그럴 때마다 아내는 눈물을 보였다. 놀랐기 때문이다. 아내는 원래부터 그런 사람이었다. 장난을 장난으로 받아들이지 못하고, 내가 한 말을 그대로 믿어버리는 성격이었다.

처음에는 아내의 성격을 잘 몰라, 그로 인해 여러 번 곤혹스러운 일을 겪었다. 한번은 술을 먹다가 무전취식으로 건달들에게 잡혀 있으니 급하게 계좌로 송금해달라고 장난을 쳤다. 그런데 뜻밖에도, 술집으로 경찰과 친구가 출동해 버렸다. 아내가 내 말을 진심으로 믿고 친구와 상의한 끝에 경찰서에 신고해 버린 것이었다. 내 기준으로는 정말 어이없는 일이었지만 아내는 그 정도로 순박한 사람이었다.

다행스럽게도, 시간이 지나면서 아내는 내 장난기를 점점 이해하게 되었다. 나 역시 아내의 성격을 제대로 파악하게 되면서 서로의 차이를 점점 좁혀나갔다. 아내와의 이런 경험을 통해, 선의의 거짓말도 커다란 나비 효과를 불러일으킬 수 있다는 점을 깨닫게 되었다.

아내와의 경험과는 조금은 다르지만 우리는 살아가면서 선의의 거짓말을 종종 하게 된다. 특히 약속 요청을 거절하기 힘든 경우, 다른 약속이 있다고 둘러대는 경우가 대표적이다. 이러한 상황에 관하여 우리는 보통 죄책감을 느끼지 않는다. 오히려 상대방이 이해해 줄 것으로 생각한다. 바쁜 사회생활 속에서 이런 일들은 다반사로 발생하는 것이 사실이다. 하지만 그러한 일들을 마주할 때마다 별로 기분이 좋지 않다. 물론 처음에는 선약을 이유로 거절당해도 충분히 이해할 수 있다. 다만 그런 일들이 계속 반복되면, 그것이 선의의 거짓말일지라도 마음이 불편해지는 것은 사실이다.

좋은 의도를 갖고 선의의 거짓말을 했다 하더라도 마찬가지로 문제가 있다. 사냥꾼에게 쫓기던 사슴을 살리기 위해 사슴을 보지 못했다고 선의의 거짓말을 하는 상황을 가정해 보자. 이때 나무꾼은 마음속으로 '나는 착한 일을 한 거야.' 혹은 '난 사슴의 생명을 지켜줬어.'라고 마음을 달래며 만족할 것이다. 그러나 이런 행동은 자기합리화의 한 형태에 불과하다. 왜냐하면, 사냥꾼 측에서는 나무꾼의 거짓말로 인해 소중한 사냥감을 잃었을 수 있기 때문이다. 물론 살인자에게 쫓기고 있는 피해자를 구해주기 위한 상황에서는 당연히 선의의 거짓말도 필요하다. 하지만 이런 경우가 아니라면 선의의 거짓말도 그냥 거짓말일 뿐이라는 것을 명심해야 한다.

거짓말은 놀랍게도 묘한 성격을 지니고 있다. 한 번의 거짓말은 단한 번으로 끝나지 않는다. 상대방의 기분을 존중한다는 의미의 거짓말도 마찬가지다. 거짓말은 숨기려는 경향성이 있어, 결과적으로 또다른 거짓말이 뒤따르는 경우가 많다. 이러한 상황을 피하려면 솔직해야 한다. 물론 솔직함이 때로는 독이 될 수도 있다. 하지만 솔직함을 계속 유지하면 상대방도 내 진정성을 이해할 수밖에 없다. 다시 말하지만, 선의의 거짓말도 결국에는 거짓말이다.

스코틀랜드의 작가 월터 스콧(Walter Scott)의 말은 많은 생각을 불러일으킨다.

"남을 속이는 순간, 우리는 이리저리 얽힌 기만의 덫을 짜게 된다."

조조, 기만술로 위기에 빠지다

유비는 조조와의 양산 전투에서 대패하고 형주의 유표에게 몸을 의탁한다. 하지만 유표 부하의 간계로 인해 유비는 정처 없이 떠돌게 된다. 그러던 어느 날, 유비는 우연히 다음과 같은 노랫소리를 듣게 되었다.

천지가 온통 요동치고 있는데,
혼자서는 정말 막기가 어렵구나.
당신은 누구를 찾고 있는가.

나에 관해서는 알지도 못하고 있구나.

조용히 가사를 음미하던 유비가 노래를 부르는 사람에게 다가가 이름을 물어보았다. 그는 영천 출신의 단복이었다. 둘은 오랜 시간 담소를 나누었고 유비는 그의 지략에 감탄하여 군사(軍師)로 삼았다. 이후 유비는 단복의 지략을 바탕으로 조조와의 전쟁에서 연전연승을 거두게 된다. 당연히 조조는 유비의 군대가 신출귀몰하게 움직이는 상황을 보면서 단복의 존재를 알게 되었다. 이에 조조는 그의 총명함에 두려움을 느낀 나머지 자기 사람으로 끌어들이기 위해 한 가지 꾀를 생각해 낸다. 조조는 즉시 자기 영토에 살고 있던 단복의 어머니를 별채에 가두었다. 그리고 그녀의 필적을 흉내 낸 가짜 편지로 단복을 회유했다.

당연히 단복은 노모의 편지를 보고 눈물을 흘리며 유비에게 사실을 털어놓고 용서를 구했다. 유비는 단복의 효심에 감동하여 그를 보내기로 하고 눈물로 작별 인사를 나눴다. 이때 단복은 인재난을 겪고 있던 유비에게 제갈량을 강력하게 추천하고 어머니를 만나러 떠났다. 하지만 단복을 만난 어머니는 "유비와 함께 한나라를 다시 세우라고 했는데, 이런 가짜 편지에 속아 어찌 이토록 어리석은 행동을 했느냐!"라고 책망하며 자살해 버렸다.

그 후, 적벽대전에 참여한 단복은 조조에게 쌓였던 원한을 갚기 위해 "한수와 마등이 반란을 일으켜 수도인 허도로 쳐들어오려고 한다."라는 소문을 진중에 퍼뜨렸다. 깜짝 놀란 조조는 참모들과 대응책을 논의했다. 이때 단복은 "승상을 섬긴 이후로 공을 세우지 못해 항상 안타까웠습니다. 삼천 명의 기병을 주신다면, 한수와 마등을 막아내겠습니다."라며 자원했다. 이에 조조는 흔쾌히 단복의 청을 수락하였다.

하지만 이는 단복의 계략이었다. 그는 곧바로 조조의 군을 이끌고 도망가 버렸고, 조조에게 막대한 군사적 손해를 끼쳤다. 또한, 적벽대전 당시에 단복은 모든 배를 쇠사슬로 연결하는 비책이 오나라의 함정이라는 사실을 알고 있었다. 하지만 이를 미리 알려주지 않아 조조는 적벽대전에서 큰 패배를 맛보게 되었다.

오십, 오직 진정성으로 나아가라

조조가 단복을 얻기 위해 가짜 편지를 이용한 기만술의 대가는 혹독했다. 조조는 단복을 얻지 못했을 뿐만 아니라, 단복의 원한을 사 결국에는 뒤통수를 맞았다. 전쟁터에서 벌어지는 온갖 음모와 계략 속에서도 기만술은 언젠가 꼬리가 밟히게 되어 있다. 반면, 단복에게 아낌없는 정성을 쏟고 그의 효심을 적극 지지했던 유비는 단복의 활약으로 적벽대전에서 큰 승리를 거두었다.

사회생활에서 마음을 얻는 기술은 중요하다. 특히, 오십이 넘은 나이에 이러한 기술을 소홀히 하면 인간관계에서 면종복배(面從腹背 – 겉으로는 복종하는 척하면서 내심으로는 배반하는 상황)에 빠질 수 있다. 그러면 마음을 얻기 위해서는 어떤 기술이 필요한 걸까? 공감 능력과 진정성 그리고 본인의 잘못에 대한 정직한 사과, 이 세 가지가 가장 핵심이라고 생각한다. 물론 다양한 다른 요소도 있겠지만, 이 세 가지만 충실하게 실천하면 상대방의 마음을 충분히 얻을 수 있다.

3대 요소 중에서도 가장 핵심적인 것은 공감 능력이다. 공감 능력은 상대방의 감정에 공감하고 이입하는 능력을 의미한다. 이 능력이 완전히 결여(缺如)된 사람들을 흔히 '사이코패스'나 '소시오패스'라고 부른다. 이들은 상대방의 감정을 고려하지 않고 자신의 감정에만 의존하여 행동하는 경향이 있다. 또한, 자신이 '사이코패스'나 '소시오패스'임을 인지하지 못할 뿐만 아니라, 그들과 관계 맺는 모든 이에게 큰 상처를 안긴다. 감정 이입 능력이 부족한 경우에도 상대방의 마음을 얻기는 어렵다. 그렇다면 어떻게 공감 능력을 높일 수 있을까? 정답은 하나다. 바로 '역지사지(易地思之)'의 정신이다.

두 번째는 진정성이다. 진정성으로 인간관계를 이어 나가는 사람은 시간이 걸리더라도 결국에는 상대방의 마음을 얻게 된다. 다만 여기서 말하는 진정성은 진실성과 구별해서 봐야 한다. 진실성은 옳고 그름의 문제인 반면에, 진정성은 자기 내면과 겉모습 사이에 상호 모순이 없는 일관성을 의미한다. 이처럼 겉과 속이 다르지 않게 자신의 본래 모습을 보여주는 사람이 진정성 있는 사람이다. 마지막으로 마음을 얻기 위해서는 참된 사과가 필요하다. 살아가다 보면 그 누구라도 본의 아니게 실수는 할 수 있다. 이런 실수 때문에 신뢰 관계가 깨진다면, 상대방의 마음을 얻는 일은 거의 불가능하다.

그러면 참된 사과만으로 이미 깨진 신뢰 관계를 즉시 회복할 수 있을까? 그렇지 않다. 이미 깨진 신뢰 관계를 회복하기 위해서는 참된 사과가 반드시 전제되어야 한다. 하지만 이것만으로는 충분하지 않다. 상대방이 참된 사과를 수용할 때까지 기다리고 또 기다리는 인내의 정신도 소홀히 할 수 없는 중요한 부분이다. 물론 이러한 인고의 과정만 잘 넘긴다면 이미 깨진 신뢰도 반드시 회복될 것이다.

　오십이 넘은 나이는 진심으로 실천해야 하는 시기이다. 위에서 언급한 마음을 얻는 기술은 너무도 당연한 말이지만, 그것을 100% 실천하며 살아온 사람은 많지 않을 것이다. 오십이 넘었다 하더라도 아직 늦지 않았다. 지금 바로 시작하면 된다. 그러면 지금까지 살아온 오십 년보다 남은 오십 년이 더욱 뜻깊게 다가올 것이다.

진정성으로 마음을 얻어라

항상 긍정적이고 밝은 태도를 유지하라.

다른 사람의 말을 경청하고, 그들의 의견을 존중하라.

나이가 들수록 유머 감각을 더 키워라.

나를 존중하고 사랑하듯이 남도 존중하고 사랑하라.

타협할 줄 아는 여유로운 마음을 키워라.

먼저 모범을 보여라

"인간은 모범의 학교에서 배워야 한다.
다른 곳에선 배울 수 없기 때문이다."

- 알베르트 슈바이처

그날도 갈피를 잡지 못하고 있었다. 늘 그렇듯이 서운함과 아쉬움이 교차했다. 마음이라는 놈은 늘 이런 식으로 나를 괴롭힌다. 여느 때와 마찬가지로 직장으로 발걸음을 돌려보지만, 마음만은 여전히 불편하기만 하다. 오늘은 또 어떤 일이 벌어질까 늘 조마조마하다. 그렇게 조직의 책임자 한 사람 때문에 사무실 분위기는 매일 위태위태하였다.

조직의 리더인 그 사람은 도대체 종잡을 수가 없었다. 보고 후, 오케이 사인을 받아도 항상 불안했다. 사업 추진 과정에서 조그마한 문제가 발생하기라도 하면 그 사람은 언제나처럼 책임을 철저히 회피했다. "내가 언제 그렇게 하라고 했느냐!", "나는 보고받은 사실이 없다!" 등의 핑계를 대며 아랫사람들 탓만 했다. 그리고 본인은 아무 잘못이 없는 것처럼 행세했다. 그러다가 일이 잘 끝나면 자화자찬에 여념이 없었다. 본인은 사인한 것밖에 없지만 마치 모든 일을 자신이 해낸 것처럼 떠벌렸다. 그러면서 직원들이 방향을 잘못 잡았지만 자기가 제대로 이끌어 주어 모든 것이 가능했다는 말도 잊지 않았다.

당시 직장 내에는 '세 번의 지시가 있기까지는 절대 움직이지 않는다.'라는 불문율도 있었다. 그 이유는 지시 사항이 수시로 바뀌었기 때문이다. 그는 지시를 내린 후에도 전에 지시했던 내용을 잊은 듯 다시 지시하곤 했다. 그래서 지시받는 즉시 실행하면 큰일이 벌어지곤 했다. 왜냐하면, 그는 늘 '내가 언제 그런 지시를 내렸느냐'며 발뺌을 했기 때문이다.

결국, 직원들은 내부적으로 지시 사항에 대한 이행 원칙을 만들었다. 그 원칙은 세 번의 지시가 있어야만 행동에 옮긴다는 것이었다. 그 사람은 지시를 잊거나, 바꾸거나, 심지어 어제 내린 지시에 대해서도 '내가 언제 그런 지시를 했느냐'며 회피하곤 했다. 그렇게 안하무인이었다. 그러나 그 사람만 전혀 모르고 있었다. 모든 조직원 중에서 그를 진심으로 따르는 사람이 단 한 명도 없었다는 사실을.

책임자는 책임을 지는 자리에 있는 사람을 말한다. 책임을 지지 않고 자리만 지키는 사람은 외톨이로 전락하고 만다. 방향을 정해주지 않고 무작정 지시만 내리는 사람은 직장에서 최악의 상사라고 할 수 있다. 아마 그 사람은 말단 직원의 일을 맡는다 해도 해내지 못할 사람임이 분명했다. 물론 그런 사람을 그 자리에 앉힌 그 조직도 최하위급이라고 할 수 있다. 일이 잘못되면 우선 두들겨 패고, 일이 잘되면 자기 자랑만 하고. 도대체 왜 그 자리에 있는지도 모르는 그 사람은 어떤 생각으로 일을 하는 것일까?

곰곰이 생각해 보니, 그는 전형적인 소시오패스였다. 소시오패스란 잘못된 행동이라는 개념 자체가 없으며 윤리를 모르는 사람을 말한다. 이러한 사람들의 특징을 살펴보면 다음과 같다.

① 성공을 위해 타인을 이용하고, 거짓말에 대해 양심의 가책을 느끼지 않는다.
② 인생을 이기는 게임으로 생각한다.
③ 자기 잘못에 대해 거짓으로 후회하거나 반성한다.
④ 어릴 때부터 잔인하거나 동물 학대와 같은 행동을 즐긴다.

이런 소시오패스가 어떻게 상대방 마음의 방향을 알 수 있을까. 아마도 그는 자기 마음의 방향도 모른 채, 그저 충동적으로 행동하는 사람일 가능성이 크다. 마음의 방향이 서로 통하는 사람끼리 함께할 수 있다는 것은 그래서 축복이다.

유비, 충신 조자룡을 얻다

조조가 유표의 형주성을 공격할 때, 유비 역시 조조의 대군과 맞서 싸우게 되었다. 하지만 조조의 대군이 워낙 강력하여 유비의 병력으로는 상대가 되지 않았다. 이때, 삼국지에서 가장 유명한 조자룡의 활약이 펼쳐진다.

조조의 군에 유비 군이 대패한 후, 적진에 남아 있던 조자룡은 유비의 가족을 찾아 나섰다. 이는 사전에 유비가 조자룡에게 각별하게 부탁한 사안이었다. 조자룡은 피난민들을 헤치고 돌아다니면서 유비의 부인인 감 부인과 미 부인을 찾아 나섰다. 그러다가 조자룡은 피난민 사이에서 감 부인을 먼저 구출하여 유비가 있는 곳으로 보냈다. 다음으로 어렵게 미 부인을 찾아냈다. 하지만 그녀는 유비의 아들인 아두를 잘 부탁한다고 말한 후에 자결하고 만다. 어쩔 수 없이 조자룡은 아두를 보자기에 싸서 등에 메고 적진을 탈출하기 시작했다. 수많은 적장을 물리치며 탈출하는 조자룡을 본 조조는 "과연 호랑이 같은 장수로다. 반드시 생포해서 그를 부하로 삼으리라."라고 말하면서 부하들을 독려하였다. 하지만 조자룡을 잡지는 못했다.

"저를 죽여주시옵소서. 미 부인께서는 상처가 심하여 말을 타는 것을 거부하시고 아드님을 살리기 위해 우물에 몸을 던지셨습니다. 저는 부득이 토담을 허물고 미 부인을 매장했습니다. 다행스럽게도 아드님은 제 품속에 건강하게 있습니다."

조자룡이 전후 사정을 유비에게 설명하자, 유비는 "이놈 때문에 홀

룡하고 용맹한 장수를 잃을 뻔했구나."라고 말하며, 아두를 땅바닥에 내동댕이쳤다. 이에 조자룡은 아두를 재빨리 안아 올리고, 부하를 사랑하는 유비의 마음에 눈물을 하염없이 흘렸다.

이상에서 살펴본 바와 같이, 유비와 조자룡의 관계는 군신 관계를 넘어선 가족과도 같은 관계였다. 형주성 전투에서 유비가 보여준 진심에 감동한 조자룡은 개국공신임에도 불구하고, 논공행상에 어떠한 불만도 제기하지 않았다. 또한, 묵묵히 자기 일을 해나가며 유비를 극진히 모셨다. 물론 유비 사후에도 황제가 된 유비의 아들을 마지막까지 충심을 다해 지켰다.

오십, 솔선수범의 정신을 잊지 말아라

알베르트 슈바이처 박사는 "모범을 보이는 것은 다른 사람에게 영향을 미치는 가장 좋은 방법은 아니다. 그것이 유일한 방법이다."라고 말하며 리더의 솔선수범을 강조한 바 있다. 유비와 조자룡의 사례를 통해 보면, 먼저 솔선수범하면서 부하를 사랑하는 마음을 보여주는 리더가 얼마나 중요한지 알 수 있다. 이처럼 먼저 솔선하고, 이를 통해 구성원에게 모범을 보이는 리더가 있다면 그 조직은 반드시 성공할 수밖에 없다. 하지만 우리가 살아가는 세상에서 경험하는 조직들을 보면 그것이 얼마나 어려운지도 알게 된다.

직장생활을 하면서 여러 유형의 리더를 만날 수 있었다. 물론 리더라고 부를 수조차 없는 리더도 있었다. 하지만 대부분은 자율성을 바탕으로 한 자율형 리더나 '나를 따르라.' 하는 식의 지시형 리더였다.

우선 자율성을 강조하는 리더는 항상 인간의 자율성을 굳게 믿는 사람이었다. 이러한 유형의 리더들은 모든 일을 함에 있어 직원들의 자율성을 가장 중요시한다. 이들은 직원들이 맡은 업무를 창의적으로 할 수 있도록 경기 내용에 절대 개입하지 않는 유형이다. 이들과 함께하는 직원들은 자신만의 방식으로 목표를 달성하기 위해 최선을 다하게 된다. 물론 이 과정에서 문제가 발생하면 리더가 직접 문제해결에 나선다. 그들은 모든 일에 있어서 자율성을 보장한다. 하지만 업무를 추진하는 과정에서 애로사항이 발생하면, 먼저 모범을 보여줌으로써 문제의 해결책을 제시해 준다.

내가 경험한 솔선수범형 리더는 조직에 많은 변화를 불러왔다. 그런 리더 밑에서 일하면서 모든 직원은 점점 일개 직원이 아니라, 조직의 리더로 성장해 갔다. 생산성도 크게 향상되었음은 물론이다.

또 하나의 유형은 나만 잘났다는 생각으로 지시만 하는 리더였다. 이들은 모든 일에 있어 직원들의 의견을 존중하지 않고 지시한 바를 충실하게 따르기를 강요했다. 물론 이러한 지시형 리더는 짧은 시간 내에 많은 성과를 거두기도 했다. 그러나 이런 리더를 계속 따라가다 보니, 뜻하지 않게 부작용도 발생했다. 처음에는 어느 정도 성과가 나오는 것 같았다. 하지만 시간이 흐르면서 직원들의 자율성과 창의성이 점점 퇴색하는 결과가 뒤따랐다. 지시형 리더가 갑자기 사라지자, 그동안 시키는 일만 열심히 해온 탓에 조직 전반에 걸쳐 아노미 현상이 발생했다.

조직 구성원과 함께 제대로 된 성과를 올리기 위해서는 리더의 솔선수범이 가장 중요하다. 그렇지만 리더가 항상 앞장서서 지휘한다고 해서 그 조직이 건강한 것은 아니다. 구성원들이 자발적으로 따르지 않는 조직은 잠깐의 성공은 보장할 수 있다. 하지만 장기적인 관점에서는 반드시 실패하기 마련이다.

진정한 리더는 조직 구성원들의 자율성을 존중하면서도 스스로 모범을 보여줌으로써 구성원들을 이끌어 가야 한다. 특히 오십 대에 들어선 사람들에게는 이 점이 더욱 중요하다. 이 연령대의 사람들은 대부분 조직에서 중간 리더나 고위 리더의 위치에 있기 때문이다. 또한, 중요한 점은 말과 행동의 일치에 있다. 말과 행동에 일관성이 없는 리더는 반드시 실패할 수밖에 없다.

오십이라는 나이, 이제는 말뿐만 아니라 행동으로도 솔선수범에 앞장서야 한다. 그것도 조직 구성원들의 자율성을 최대한 존중하면서도 스스로 모범을 보여야 한다. 그것만이 뒤처지지 않는 오십 대가 될 수 있는 지름길이다.

모범을 보이는 리더가 되라

목표와 비전을 명확히 설정하고 공유하라.

명확하고 간결한 의사소통으로 구성원들의 이해와 협력을 구하라.

구성원들의 성장과 발전을 지원하고, 어려움을 함께 나눠라.

자기의 경험과 노하우를 후배들에게 전수하고, 미래를 이끌어갈 인재로 육성하라.

구성원들을 차별하지 말고, 공정한 기회를 제공하라.

연대 Solidarity
함께 가야 멀리 간다

"혼자 꾸는 꿈은 그저 꿈에 지나지 않는다.
하지만 함께 꾸는 꿈은 현실이다."

- 존 레논

오늘도 산에 오른다. 처음 발을 내디디는 순간, 가벼운 발걸음은 저 멀리 산 정상을 향해 나를 이끈다. 아련하게 떠오르는 산꼭대기의 풍경은 혼자 오르는 산행의 묘미를 느끼게 한다. 오르막과 내리막이 번갈아 다가오는 가파른 산길을 오르며, 주변에 있는 나무들을 자세히 살핀다. 몸속의 열기가 조금씩 올라오고 더욱 건강해지는 느낌이 든다. 몸속의 심부 체온을 단 1도만 올려도 면역력이 강화된다고 하니, 오늘도 산행은 값진 소득이 될 것이다.

계속 오르다 보니, 까마득한 경사길이 모습을 드러낸다. 숨이 턱 막히고 가슴이 답답하다. 그렇다고 쉬어가고 싶지는 않다. 조금 힘들다고 쉬면, 그 자리에서 주저앉을 것만 같기 때문이다. 산 중턱을 넘어서자, 숨이 가빠져서 말할 수 없을 정도가 된다. 이때부터는 조그만 오솔길도, 말을 걸어오는 수풀과 나무들도 보이지 않는다. 머릿속에는 '이제, 그만 쉬어가자.'라는 유혹이 가득하다.

이마에 눌러쓴 모자챙 밑으로 땀이 뚝뚝 떨어진다. 전날 술을 마신 탓에 땀에 섞인 술 냄새가 코를 찌른다. 이러다가 몸속의 수분이 다 빠져나가 버릴 것 같다. 다리가 후들거리기 시작한다. 고개를 들어보니 하늘을 뒤덮은 뭉게구름이 '여기까지 온 것만 해도 충분하다.'라고 말하는 것 같다. 결국에는 뭉게구름의 유혹에 넘어간다. 그때 마침 눈에 들어온 의자에 한숨을 내쉬며 앉는다.

문득 지난번 산행길이 떠오른다. 평소 혼자서 산행을 즐겨왔던 나는 친구로부터 갑자기 산에 함께 가자는 전화를 받고 잠시 망설였다. 하지만 오랜만에 친구와 함께 시간을 보내고 싶은 마음에 전화 통화 후 일주일 뒤, 함께 산행을 떠났다. 이번 산행은 달랐다. 처음 출발할 때부터 함께 차를 타고 가면서 그동안 있었던 일에 관해 이야기를 나누느라 시간 가는 줄 몰랐다.

산행길에서도 마찬가지였다. 평소 친구와 나는 철학에 관해 많은 대화를 나누는 사이였다. 산행 내내 대화는 계속 이어졌다. 내가 선문답을 던지면 그 친구는 기가 막힌 대답으로 응했다. 물론 산 중턱을 지나면서 조금은 힘들었지만, 선문답을 주고받으며 오르다 보니 어느새 산 정상이 눈앞에 있었다. "오늘은 쉽게 정상에 오른 것 같다.", "뒷동산에 올라온 것처럼 몸이 가볍다."라는 말을 주고받으며 둘은 함박웃음을 지었다.

이런 것이 함께 걷기가 아닐까 한다. 함께 걷기는 관심사와 삶의 여정을 공유하는 과정에서 형성된다고 할 수 있다. 이러한 여정은 친구, 가족, 혹은 자기 자신과 함께하는 것일 수도 있다. 살아가면서 어려운 시간에 직면했을 때, 함께 걷기는 더욱 큰 힘을 발휘한다. 고통스러운 상황에 대한 해결책을 제공해 줄 뿐만 아니라, 우리가 겪고 있는 감정을 공유하는 것만으로도 마음의 답답함을 덜어낼 수 있다. 이렇듯 함께 걷기는 우리가 혼자가 아니라는 것을 확인시켜 준다.

힘을 내어 다시 출발했다. 산 중턱을 지나면서 조금씩 힘들어졌다. 하지만 마음을 다잡고 계속해서 오르다 보니 어느새 산 정상이 눈앞에 있었다. 비록 혼자 오르는 산이라 어려움이 있었지만, 다음부터는 마음이 맞는 친구와 함께하겠다는 결심을 굳건히 하면서 하산했다.

장비, 독불장군으로 최후를 맞다

조조의 아들 조비가 한나라 천자를 몰아내고 위나라 황제가 되자, 제갈량과 신하들의 간곡한 요청을 받아들여 유비 역시 촉나라 황제에 오른다. 유비는 황제에 오른 후, 제일 먼저 동오 정벌을 명령하였다. 이는 관우의 원수를 갚기 위한 것이었다.

장비는 낭중으로 돌아와, 사흘 안에 준비를 마치고 출정하겠다고 전군에 통지하였다. 그런데 이튿날, 장비의 부하인 범강과 장달이 찾아와 말했다.

"출전 준비를 그렇게 급하게 할 수는 없습니다. 부디 기간을 연장해 주시길 바랍니다."

"더 이상 기다릴 수 없다. 당장 내일이라도 적진을 휘젓고 싶은데, 너희들이 감히 내 명을 어기겠다는 말이냐!"

화가 난 장비는 부장에게 명하여, 범강과 장달을 나무에 매달고 각각 50대씩 곤장을 쳤다. 그 후 다시 명령을 내렸다.

"내일까지 모든 전투 준비를 마치도록 하여라. 그렇지 않다면 너희 둘의 목을 베어 병사들에게 모범을 보이도록 하겠다."

곤장을 맞고 입에서 피를 토한 범강과 장달은 진지로 돌아와 상의했다.

"오늘은 이쯤에서 끝났지만, 어떻게 내일까지 전투 준비를 마칠 수 있겠습니까? 장비라는 놈은 화가 나면 물불을 가리지 않는 사람입니다. 내일까지 준비를 마치지 못하면 우리 목이 날아갈 것은 분명합니다."

범강이 먼저 말하자, 장달이 맞장구를 쳤다.

"그놈의 손에 죽기보다는 차라리 그놈을 죽입시다."

"그런데 장비 곁에 가까이 다가가야 어떻게든 해볼 수 있지 않겠습니까?"

"요즘 그놈은 밤마다 술에 취해 막사에서 곯아떨어진다고 하니, 그 기회를 틈타 죽이면 됩니다."

　그날 밤, 막사에 있던 장비는 걱정이 가득하여 아무것도 손에 잡히지 않았다. 결국, 장수들과 밤새도록 술을 마시고 밤이 깊어서야 잠자리에 들었다. 범강과 장달은 한밤중이 되자, 각자 허리춤에 단도를 숨기고 막사로 숨어 들어갔다. 장비는 언제나처럼 눈을 뜨고 잠을 자고 있었다. 두 사람이 자세히 보니 턱수염이 곤두선 채로 눈을 뜨고 있어 잠시 머뭇거렸다. 그런데 잠시 후 우레와 같이 코를 고는 소리를 듣고 단도로 장비의 배를 깊숙이 찔렀다. 장비는 '억!' 하고 외마디 소리를 지르고는 그대로 숨을 거두었다.

　범강과 장달은 곧장 동오로 도망쳤다. 촉나라 진중에서는 이튿날에야 이 사실을 알고 군사를 출동시켰다. 그러나 이미 때는 늦었다. 범강과 장달은 장비의 목을 들고 손권에게 투항하였다. 하지만 손권은 일을 더 키우지 않기 위해 둘을 촉나라로 돌려보냈고, 그들은 장비의 아들인 장포에게 죽임을 당하였다.

오십, 함께하기의 힘을 믿어라

장비의 죽음은 그가 전투에서 세운 명성에 비하면 너무도 허망하고 안타까운 일이다. 어떻게 부하에게 목이 잘려 죽음에 이를 수 있단 말인가. 이는 장비의 성격과 관련하여 설명할 수 있다. 장비는 전투에서는 천하무적이었지만 부하를 통솔하는 일에는 늘 서툴렀다. 그는 평소에도 부하를 소중히 다루지 못하였고 항상 윽박지르는 스타일로 군대를 이끌었다. 이러한 장비의 성격은 부하들의 불만을 사게 되었고, 범강과 장달의 배신으로 이어졌다.

오십 대는 결코 쉬운 나이가 아니다. 자신으로서도, 남이 자신에게 기대하는 바를 봐도 그렇다. 아마 오십 대가 되면 사회 각계각층에서 지도층으로 있거나 그렇지 않더라도 다른 직원들을 관리할 위치에 있는 것이 보통이다. 이때 가장 필요한 덕목은 포용력과 동반자 의식이라는 가치가 아닌가 한다.

물론 사십 대에 이르기까지도 조직인으로 살아가려면 포용력과 동반자 의식은 필요하다. 그렇지만 남들이 오십 대에 바라는 기대만큼은 크지 않다. 이는 아직 사회 경험이 많지 않은 이들에 대한 배려심도 어느 정도 밑바탕에 깔려 있을 것이다. 하지만 오십 대에 들어서면 모든 것이 달라진다. 이때가 되면 기대치에 대한 하방 경직성이 거의 사라진다는 점을 명심해야만 한다.

오십 대는 그동안 쌓아온 경험과 지식을 바탕으로 일을 처리하는 데 능숙하다. 따라서 일상적인 업무를 수행하는 데는 큰 어려움이 없다. 하지만 새로운 업무를 추진해야 할 때는, 젊은 세대와는 다른 접근 방식을 취하게 된다. 젊은 세대는 인터넷 등 다양한 정보통신 기기를 활용하여 새로운 문제를 해결하는 데 능숙하다. 반면에 오십 대가 넘은 관리직의 경우는, 이러한 환경에 익숙하지 않을 뿐만 아니라 실무 작업에서 멀어진 지 오래인 경우가 많다. 따라서 새로운 결정을 해야 할 때가 되면 과거의 경험을 바탕으로 해결책을 모색하려는 경향이 있다.

하지만 이는 결코 쉬운 일이 아니다. 과거의 경험치는 말 그대로 과거의 일일 뿐이다. 새로운 환경에서 벌어지는 일은 그 환경에 맞는 해결책이 필요하다. 상황은 이렇게 빠르게 변해 가는데, 우리 주변을 보면 알게 모르게 꼰대라는 소리를 듣는 중장년층이 너무도 많다. 단지 그 자신만 모르고 있을 뿐이다. 물론 과거의 경험치는 중요하다. 하지만 그 경험치는 새로운 상황에 그대로 적용되지 않는 경우가 많다. 그래서 직원들에게 지나간 경험치를 주지시키며 상황을 왜곡하는 경우가 발생하기도 한다.

현명한 리더라면, 차라리 백지상태에서 해결책에 관한 여러 가지 시나리오를 직원들에게 준비해 보라고 하는 편이 낫다. 그러면 직원들은 각 시나리오에 대한 충분한 자료를 만들어올 것이다. 이때 과거의 경험치가 빛을 발하게 된다. 충분한 자료와 경험을 서로 융합하여 분석한다면 최상의 결과물이 도출될 가능성이 크기 때문이다. 오십이 넘은 중견 관리자라면, 혼자서는 뜻하는 바를 이룰 수 없다. 직원들과 마음으로 하나가 되어 가는 길만이 최종 목적지에 효과적으로 다다를 수 있다는 점을 잊지 말자.

이 외에도 마음으로 함께 걷는 길에서 얻을 수 있는 장점은 다양하다. 우선 마음으로 이해하고 동행하는 사람은 나를 위해 진심으로 일하고 지지해 준다. 그리고 쓸데없는 곳에 에너지를 낭비하지 않고, 더 중요한 일에 집중할 수 있게 도와준다. 이런 관계 속에서 새로운 아이디어와 관점이 솟아나고, 서로의 시각이 확장되어 높은 생산성을 얻을 수 있다. 또한, 다른 사람과의 상호작용을 통해 우리 자신의 가치관, 목표, 욕망 등을 더욱 확고히 할 수 있다. 물론 이를 바탕으로 자아 발전도 꾀할 수 있다.

이처럼 마음으로 함께 걷는 삶은 혼자 가는 삶보다 더 많은 이득을 가져다준다. 오십 대가 되면 특히 마음 동행 연습이 필요한 이유가 여기에 있다.

마음 동행 연습을 꾸준히 하라

다른 사람과 정보를 공유하고, 협력하라.

항상 열린 마음으로 긍정적인 피드백을 제공하라.

목표를 명확히 하고, 팀워크를 강화하라.

새로운 기술이나 방식을 배우고, 변화에 적응해 나가라.

구성원의 동기부여를 위해 적절한 성과 보상책을 확립하라.

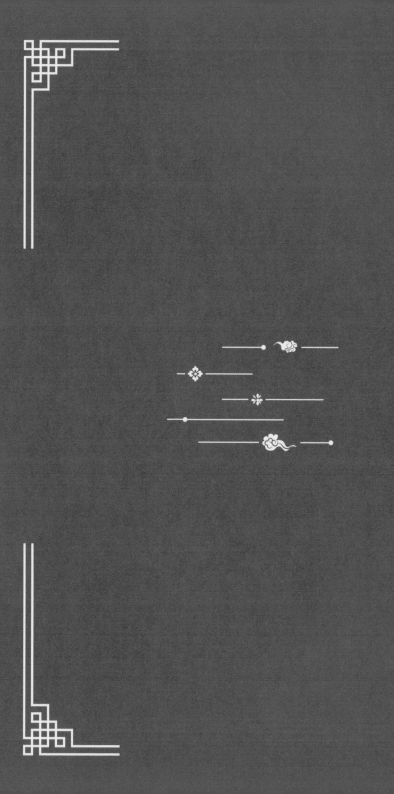

3장

오십,
한 번의 실수도 위험할 수 있다

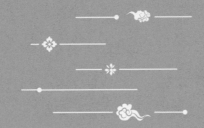

술은 친구이자, 독약이다

"술은 인간의 성품을 비추는 거울이다."

- 아르케시우스

내 술의 역사는 초등학교 1학년으로 거슬러 올라간다. 평소 아버지
가 포도주를 좋아해서 어머니는 늘 포도주를 담가 놓으셨다. 나는 그
포도주 맛이 어떨지 항상 궁금했지만 어린 나이라 감히 입에 대지 못
했다.

어느 날, 부모님께서 당일 일정으로 여행을 떠난 적이 있었다. 때는
이때다 싶어 동네 친구들과 함께 우리 집에서 놀기로 하였다. 그러다
가 친구들과 나는 포도주에 대한 호기심이 발동했다. 때마침 부모님

은 포도주 담금주에서 술과 포도를 분리해 놓았었다. 우리는 비록 술은 마실 수 없었지만, 포도는 먹어도 되지 않을까 하는 생각이 들었다. 한참을 고민하고 있던 차에 친구 하나가 용기를 내어 술에서 꺼내 놓은 포도알을 입에 가져갔다. 다들 눈을 동그랗게 뜨고 그 친구의 반응을 예의 주시했다. 그런데 그 친구는 포도알에서 술 냄새가 별로 나지 않고, 너무 맛있다면서 우리에게도 먹어보라고 권했다.

나와 다른 친구들도 용기를 내어 포도알을 먹기 시작했다. 생각보다 맛이 좋았다. 그렇게 어머니께서 분리해 놓은 포도알을 친구들과 함께 정신없이 먹어 치웠다. 한참을 그런 후 어느 순간 기억이 사라졌다. 시간이 얼마나 흘렀는지 기억이 나지 않지만, 집에 돌아온 어머니와 아버지는 우리를 보고 깜짝 놀라셨다. 나도 친구들도 비틀거리다가 쓰러지기를 반복하자, 어머니는 급하게 동치미 국물을 한 사발씩 먹여 주었다. 그러자 정신이 어느 정도 돌아오기 시작했고 우리는 1시간 정도 무릎을 꿇고 벌을 받았다. 지금 생각해 봐도 우스운 일이지만, 그날 이후로 일주일 정도 숙취 때문에 고생했던 기억이 지금도 생생하다.

초등학교 때의 아픈 기억으로 술은 내 인생에서 오랫동안 멀어졌다. 하지만 술이란 놈은 운명처럼 다시 찾아왔다. 고3 말 무렵 대학에 합격한 후, 술은 어른한테 배워야 한다는 말을 듣고 친구들과 담임을 찾아갔다. 물론 막걸리, 소주, 맥주를 들고 갔다. 당시에는 어떤 술이 몸에 맞을지 몰랐기 때문에, 생각나는 모든 술을 구매해서 갔던 것이다. 선생님께서는 처음에는 난처해 하셨다. 하지만 우리의 간곡한 부탁을 들어주시고 안주도 준비해 주셨다. 우리는 모두 선생님께 무릎을 꿇고 주도를 배웠다. 그 당시에는 술맛을 제대로 느끼지 못했다. 맥주나 막걸리는 물론 소주에서도 쓴맛 외에는 아무런 맛도 느끼지 못했다. 그렇게 맛만 보고 헤어졌다. 단지 우리는 선생님께 주도만 배웠다.

대학 입학 후에는 상황이 많이 달라졌다. 특히 고등학교 선배들은 남자가 술을 마시지 못하면 사회생활에서 어려움을 겪을 것이라고 말하며 이리저리 끌고 다녔다. 그렇게 술을 마시는 양은 점점 많아졌고 결국에는 술로 인해 문제가 발생하고 말았다.

3월 말쯤 동창회가 열렸는데 선배들은 1학년인 후배들에게 술을 강권하면서 마시게 했다. 나는 선배들에게 지고 싶지 않아 술잔을 계속 받아 마셨다. 3시간쯤 소란스러운 시간이 지나가고, 결국에는 한계에 이르러 화장실에서 변기를 잡고 울면서 토했다. 마치 내장이 다 쏟아져 나오는 것처럼 느껴졌다. 어떻게 집에 도착했는지 기억이 나지 않았다.

다음 날부터는 더 큰 문제가 기다리고 있었다. 아침에 일어나 등교하려다가 기절해 버린 것이다. 다행히 병원에서 치료받고 그날로 퇴원했지만, 술에 맞은 여파로 인하여 일주일간 학교를 빠지게 되었다. 초등학교 때 포도알을 먹은 이후로 잠잠했던 술병이 다시 한 번 뒤통수를 때리고 말았다. 결국, 술과 친구가 되려던 계획은 모두 무산되었고 술이란 놈은 내 몸을 해치는 독으로 다가왔다.

장비, 술로 세상을 망치다

동탁이 여포에게 살해당하고 이각과 곽사가 정권을 잡았다. 하지만 그들도 곧 쫓겨나고 천하는 조조의 손에 들어갔다. 당시 유비는 서주 지역을 책임지고 있었고 조조에게 쫓겨난 여포에게 소패 지역을 주어 머물도록 하였다. 천하를 손에 넣은 조조는 유비와 여포가 연합하여 자신을 위협할까 봐서 걱정이었다. 이러한 상황을 타개하고자 조조는 유비에게 밀서를 보내 여포를 제거하도록 하였다. 그러나 유비는 조조의 계략을 눈치채고 따르지 않았다.

이때, 조조의 책사 순욱이 유비를 제거하기 위한 계략을 다시 꾸몄다. 조조는 순욱의 계략에 따라 천자(天子)의 이름으로 칙서를 보내 원술을 공격하라고 명령했다. 이것 역시 조조의 계략임을 유비는 간파했지만, 천자의 칙명을 따르지 않을 수 없어 출병을 결심했다.

그러나 유비에게는 걱정거리가 하나 있었다. 원술을 공격하러 출병한 사이에 성을 공격당할 위험이 있어, 누군가는 남아서 성을 지켜야만 했다. 유비는 많은 고민 끝에 관우와 함께 출병하기로 하고 장비에게 성을 지키도록 하였다. 물론, 평소에 술로 문제를 자주 일으킨 장비에게 술을 입에 대지 말라는 당부도 잊지 않았다.

장비는 유비와의 약속대로 며칠 동안은 술을 입에 대지 않았으나 그 버릇이 어디 가겠는가. 시간이 조금 지나자, 장비는 술 생각이 간절해졌다. 결국, 장비는 하루만 술을 실컷 마시고, 다음 날부터 방비를 철저히 하겠다고 결심했다. 하지만 조표는 장비의 술잔을 받지 않았다. 장비는 결코 포기할 줄 모르는 성격이었다. 그는 기어코 조표에게 술 한 잔을 마시게끔 명령하였다. 조표는 장비의 명령을 거부했지만, 장비는 술에 취한 상태라 그의 말을 듣지 않았다.

얼마간 시간이 흐른 후, 장비는 더욱 술기운이 올라왔다. 그는 조표에게 또 한 잔을 권했다. 하지만 조표가 다음 잔을 끝까지 거부하자, 장비는 화가 머리끝까지 치밀었다. 그는 만취한 상태로 조표를 끌어다가 곤장 100대를 치게 하였다. 유비의 책사인 진등이 이를 만류했지만, 장비는 진등의 말을 듣지 않았다. 결국, 죄 없는 조표는 곤장형을 받게 되었다.

원한이 뼛속까지 사무친 조표는 여포에게 편지를 보내 이 기회에 성을 공격하라고 부추겼다. 여포는 그 편지에 넘어가 군대를 이끌고 성으로 쳐들어왔다. 이때 조표가 성문을 몰래 열어주었고 성은 순식간에 점령당하고 말았다. 술에 취한 장비는 제대로 싸워보지도 못하고 몇 명의 기병만 이끌고 간신히 탈출하였다. 패잔병 모습으로 유비를 찾아간 장비는 용서를 빌면서 자결하려 하였다. 유비는 장비의 태도를 보고 크게 실망하였다. 하지만 도원결의를 상기시키며 그를 말릴 수밖에 없었다.

한편, 돌아갈 곳이 없어진 유비는 좌절감에 빠져 있었다. 이때, 여포가 사자를 보내 서주로 돌아오라고 청했다. 이에 관우와 장비는 유비의 결정에 반대하며 서주를 공격하여 되찾아 오자고 하였다. 하지만 유비는 여포의 제안에 감사를 표하며 서주로 향하였다. 결국, 장비의 술버릇 하나 때문에 유비와 여포의 신세는 정반대로 뒤바뀌고 말았다.

오십, 술이 술을 먹지 말도록 하라

역사에는 가정이 없지만, 장비의 술버릇 때문에 서주를 빼앗기지 않았더라면 유비가 삼국을 통일했을지 모른다. 유비는 서주를 빼앗긴 후, 험난한 여정을 통해 초나라를 세웠다. 하지만 삼국 통일의 대업은 위나라에게 돌아갔다. 나 역시 직장생활을 시작한 이후, 술 문제와 관련해서는 자유롭지 못했다. 부푼 꿈을 가슴에 품고 시작한 세 번째 직장에서 함께 근무한 과장은 자타공인 '술 전도사'였다. 그는 하루라도 술을 거르면 마치 큰일이라도 벌어질 것처럼 분위기를 조성했고 직원들에게 술 예찬론을 펼치곤 했다.

'술을 잘 먹는 놈이 일도 잘한다.'
'술은 인간관계를 좋게 해준다.'
'사람은 배신해도, 술은 절대 배신하지 않는다.'

직원들은 과장의 술 권유에 마지못해 "네, 명심하겠습니다."를 반복하며 술을 마셨다. 술을 마시지 못하는 직원들도 많았지만, 과장은 눈살을 찌푸리기만 하였다. 인사고과가 시작되면 과장의 진가가 드러났다. 그는 직원들이 술을 함께하러 얼마나 따라다녔는지에 따라 인사고과를 매겼다. 술이 어느 정도 잘 받아서 늘 과장과 함께 다녔던 나는 인사고과를 좋게 받았음은 물론이다. 이런 과정이 반복되면서 술은 점점 늘어만 갔고 술을 즐기는 경우도 많아졌다.

시간이 흐르면서 혼술은 물론, 직장 동료들과의 회식도 점점 잦아졌다. 술을 통해 쌓은 인간관계는 직장 내에서의 입지를 높여 주었다. 그 과정에서 실수가 없었던 것은 아니다. 술에 취해서 해서는 안 될 말을 한 적도 있었고 다음 날 아침이면 이를 수습하기 위해 고생한 적도 있었다. 다행스럽게도 운이 좋았던 탓인지 큰 문제는 없었다. 하지만 시간이 지나면서 애주가 습관은 부담으로 다가오기 시작했다. 술을 통해 인연을 돈독히 하고 업무 공유를 하는 것까지는 좋았지만 숙취는 업무에 지장을 주었다.

그러던 중 미국 뉴욕에서 3년간 근무할 기회가 생겼다. 이때부터 내 애주가의 삶은 조금씩 변화하기 시작했다. 미국은 애주가들에게 그리 좋은 환경이 아니었기 때문이었다. 우선 미국은 한국과 달리 대리운전 제도가 잘 정착되어 있지 않았다. 물론 비공식적으로 한인들이 운영하는 대리운전 서비스를 이용할 수도 있었다. 하지만 그 비용은 월급쟁이에게 벅찬 수준이었다. 또한, 미국에서는 직장에 따라 다르지만 대부분 4시나 5시에 퇴근하기 때문에 밝은 대낮부터 술을 마시기에는 부담스러웠다. 이러한 이유로 미국에서의 3년간은 친교 시간을 주로 점심시간에 맞췄다. 그러다 보니 자연스럽게 술자리 횟수가 줄어들었고 한 달에 두세 번 정도밖에 술을 마시지 않게 되었다.

귀국 후에도 이런 습관은 이어졌다. 지금도 점심시간을 이용하여 친교 시간을 보내곤 하는데, 예전에 술로 인연을 돈독히 했을 때와 별

반 다르지 않다. 물론 미국에 있을 때보다는 술을 더 자주 마시기는 한다. 하지만 예전보다는 횟수가 확실히 줄었다. 자연스레 숙취로 인한 고생도 줄었고 업무 효율도 높아졌다. 이 외에도 또 다른 변화가 생겼다. 평일에도 운동할 수 있는 시간이 확보된 것이다. 오십 대에 접어들면 우리 몸 곳곳에서 변화가 나타난다. 뱃살이 늘어나고 병원을 찾는 빈도도 점점 늘어난다.

오십은 결코 쉬운 나이가 아니다. 특히 술과 관련해서는 더욱더 그렇다. 사십 대까지도 장비와 같은 술버릇을 가지고 있다면 인생에 오점을 남길 수 있다. 하지만 오십이 넘어가면 술버릇으로 인한 실수는 치명적이다. 따라서 오십 대 이후에는 장비의 술버릇을 반면교사로 삼아야 한다. 술은 인간관계의 윤활유 역할을 할 때가 가장 좋다.

술의 노예가 되지 마라

술 마시는 습관을 점검하고, 스트레스를 해소할 다른 방법을 찾아라.

주기적으로 술 마시지 않는 날을 정하고 지켜라.

술은 즐거움을 위한 도구일 뿐, 삶의 중심이 되지 않도록 하라.

아무리 힘들어도 혼자 술 마시는 습관은 버려라.

술에 대한 의존도가 심하다면, 반드시 전문가의 도움을 받아라.

실수는 반드시 바로 잡아라

> "실수는 불가피한 것일 수도 있지만,
> 현명하고 올바른 사람은
> 오류와 실수를 통해 미래를 사는 지혜를 깨우친다."
> - 플루타르코스

전쟁에서 이기기도 하고 지기도 하는 것처럼, 승패에 연연하지 말고 최선을 다하라는 뜻으로 "한 번 실수는 병가지상사(兵家之常事)"라는 말이 있다. 이 말은 중국 당서(唐書)의 '배도전(裵度傳)'에 나오는 "이기고 지는 일은 병가에서 항상 있는 일이다.(勝敗兵家常事)"에서 유래했다.

이는 실수를 딛고 일어나 다음에는 반드시 성공하라는 격려의 말이다. 하지만 실수하고 마음이 편한 사람은 없을 것이다. 실수는 한 단계 도약하기 위한 성장통이라고 해도, 막상 실수하고 나면 씁쓸해지는 마음은 어쩔 수 없다. 따라서 실수하지 않는 것이 최선의 방책이다. 하지만 인생을 살다 보면 단 한 번의 실수도 없이 살아가는 것은 불가능하다. 이때 중요한 점은 한 번의 실수를 빨리 깨닫고 반면교사로 삼아야 한다는 것이다. 만약 똑같은 실수를 반복한다면 회복할 수 없는 큰 손해를 입을 수도 있기 때문이다.

이때 실패와 실수는 반드시 구분해야 한다. 사전적 의미로 보면 실패는 '뜻한 바를 이루지 못함'이고, 실수는 '조심하지 않아 잘못함'이다. 우리는 흔히 실패와 실수를 혼동해서 사용하지만, 두 단어는 분명히 다르다. 실패는 내가 모든 상황을 고려하고 최선을 다했음에도 불구하고 원하는 결과를 얻지 못한 경우를 말한다. 예를 들어, 시험 준비를 열심히 했음에도 낙제하는 경우는 실패라고 할 수 있다. 반면, 실수는 내가 충분히 주의를 기울이지 못해 벌어지는 결과를 말한다. 깜빡하고 중요한 약속을 잊어버리는 경우는 실수라고 할 수 있다. 실패는 인력으로는 어쩔 수 없는 측면이 있다. 하지만 실수는 내 노력 여하에 따라 충분히 막을 수 있는 것이다. 실수를 줄이기 위해서는 항상 주의를 기울이고 사소한 것이라 할지라도 소홀히 하지 않는 것이 중요하다.

그동안 살아온 삶을 돌아보면 실수투성이였던 것 같다. 하지만 그 실수를 반면교사 삼아, 조금씩 앞으로 나아갔기 때문에 지금까지 큰 위기에 처하지는 않았다. 참으로 다행스러운 일이다. 그렇지만 주식투자와 관련해서는 아직도 실수를 교정하지 못하고 있다.

직장생활 초기부터 주식투자에 관심이 많았다. 물론 큰돈은 투자하지 않고 용돈 수준으로 하고 있다. 지금도 마찬가지이다. 주식투자를 한 이유는 순전히 지적 호기심에서 비롯되었다. 대학에서 경제학을 공부했지만, 실물경제가 어떻게 흘러가는지 파악하는 것은 쉽지 않았다. 그래서 실물경제의 흐름을 파악하기 위해 주식에 손을 댔다.

그러기 위해서는 먼저 투자기법을 익히는 것이 필요했다. 이를 위해 국내외의 주식투자 비법서를 연구했다. 그래서 내 나름의 투자 원칙을 만들었는데, 그것은 '물타기는 올라가는 종목에 하되 대량거래가 이루어지는 고점에서는 반드시 처분하라.'라는 원칙이다. 이 원칙은 단순해 보이지만 실천은 그리 쉬운 일이 아니다. 여기에 가장 필요한 요소는 강심장이다. 52주 신고가 종목을 찾아 투자해야 하는 원칙이니, 어찌 떨리지 않겠는가. 또한, 올라가는 종목이 다시 올라간다는 신념을 믿어야 하지만 돈이 걸린 문제이다 보니 실천하기는 쉽지 않다.

주식투자 초기에는 이 원칙을 충실히 지켜왔고 대부분 원하는 결과를 얻어냈다. 하지만 용돈 수준으로 시작한 투자금이 조금씩 늘어나면서 문제가 발생했다. 하루에도 몇 번씩 오르락내리락하는 주가의 변동 폭이 커지자, 원칙에 충실했던 마음은 어느새 새가슴으로 변해 있었다. 그때부터 '내가 팔면 올라가고 내가 사면 내려가기'가 반복되었다. 어느새 처음의 투자금은 거의 사라졌고, 쓰디쓴 입맛만 남았다. 그래도 나름대로 의미는 있었다. 주식을 통해 실물경제의 흐름을 이해할 수 있었고 매년 유행하는 기술에 대해서도 지식을 쌓을 수 있었다. 하지만 주식투자 인생을 돌아보면, 실수라는 측면에서 분명 병가지상사는 아니었다.

원소, 세 번의 실수로 천하를 날리다

손권이 조조에게서 장군의 칭호를 받았다는 소식을 들은 원소는 분노하여 70만 대군을 이끌고 조조를 공격했다. 조조도 급히 7만 명의 군사를 이끌고 맞섰지만, 원소의 기세에 밀려 위기에 처했다. 조조는 급하게 허도로 사자(使者)를 보내 군량을 요청했다. 하지만 원소의 부하인 허유에게 사로잡히고 말았다. 허유는 조조와 동향이라는 이유로 원소에게 인정받지 못하고 있었는데, 이번 기회에 큰 공을 세우고 싶었다. 그래서 그는 사자와 함께 밀서(密書)를 원소에게 바쳤다. 밀서에는 군량이 떨어진 지금이 조조를 공격할 적기라는 내용이 담겨 있었다.

평소 의심이 많던 원소는 허유의 말을 듣고 "너는 조조와 동향이니, 지금도 그에게 뇌물을 받아먹으며 우리를 속이려는 것이 아니냐? 당장 목을 베고 싶지만, 너의 목숨을 살려주마. 어서 물러가거라. 다시는 네놈을 만나고 싶지 않다!"라고 말하며 허유를 내쫓았다.

'아! 멍청한 인물은 어쩔 수 없구나! 네가 나를 이렇게 무시한다면 나도 어쩔 수 없다.'라고 탄식하며 허유는 조조에게 귀순한다. 이에 조조는 허유를 크게 환영하였고 허유는 조조에게 원소의 군량이 있는 곳을 공격하라고 부추겼다. 한편, 천문(天文)을 살펴보던 저수는 곧 조조의 기습이 있을 거라며 원소에게 간해보았다. 하지만 크게 책망만 듣고 만다. 결국, 조조는 원소의 식량 창고를 모두 불태워 버렸다. 그리고 순우경은 조조에게 사로잡혀 귀와 코, 손가락이 잘린 채 원소에게 보내지는 신세가 되었다.

상황이 이렇게 되자, 원소의 책사인 곽도는 군량을 습격하느라 조조의 본진이 텅 비어 있을 것이니 장합과 고람을 시켜 당장 공격해야 한다고 주장했다. 그러나 이들은 조조가 세 방면으로 숨겨 놓았던 매복병(埋伏兵)의 공격을 받고 궤멸당하고 말았다. 이에 곽도는 자신의 책임을 회피하기 위해 장합과 고람을 모함하였다.

"장합과 고람이 크게 패했습니다. 지금 보니 이들이 조조와 내통을 하고서 일부러 져 준 것이 분명합니다."

이 말을 들은 원소는 크게 분노하여 두 장수를 급히 소환하였다. 그러나 곽도는 몰래 장합과 고람에게 사자를 보내 원소가 둘을 죽이려 한다는 거짓 정보를 흘렸다. 이를 믿은 장합과 고람은 두려움에 떨며 조조에게 투항하였다. 이러한 이간계로 인해 원소는 70만 대군을 이끌었음에도 불과 7만의 조조에게 패배하고 말았다.

한편, 크게 승리한 조조가 노획한 수많은 물건 중에는 한 다발의 편지도 있었다. 그것은 조조 진영의 고관과 장수들이 원소와 내통하고 있음을 보여주는 밀서였다. 주변의 장수들은 분개하여 그들을 잡아서 처형해야 한다고 간하였다. 하지만 조조는 자기 손으로 모든 편지를 불태우고 승자로서 그들을 용서하였다. 이는 조조의 포용력을 보여주는 대표적인 장면이라 할 것이다.

오십, 돌다리도 두들겨보고 건너라

원소가 저지른 세 번의 결정적인 실수를 보면, 조조와 원소의 그릇 차이를 확연히 알 수 있다. 원소는 부하의 충언을 세 번이나 무시하여 패배를 자초했다. 반면, 조조는 부하의 실수를 너그럽게 용서하고 대업을 이루었다. 한 번의 실수는 병가지상사라고 한다. 하지만 원소는 세 번이나 같은 실수를 반복했으니 동정받을 자격조차 없다.

약동섭천(若冬涉川) 약외사린(若畏四隣)

이는 노자의 오십 훈 중 한마디로 '머뭇거리기를 겨울에 살얼음 냇가를 건너듯 하라.'는 말이다. 우리 옛 속담인 "꺼진 불도 다시 보고,

돌다리도 두들겨보고 건너라."라는 말이 여기에 해당한다.

오십 줄에 들어선 요즘은 실수라는 단어가 더욱 절실하게 다가온다. 그동안 여러 가지 실수가 있었지만, 큰 문제 없이 해결해 왔기에 다행이라 생각한다. 하지만 여전히 실수라는 단어를 생각하면 움츠러드는 것은 사실이다. 오십 대는 정말 중요한 시기이다. 이때의 실수는 예전의 실수와는 달리 바로잡을 시간이 많지 않기 때문이다. 그렇지만 인간인 이상 아무리 나이가 들었다고 해도 실수는 늘 따라다니는 법이다. 주변을 보면 어떤 사람은 실수를 발판 삼아 성장하는 반면, 어떤 사람은 실수를 반복하면서 실패자의 길로 가곤 한다. 후자의 사람들을 자세히 살펴보면 그들은 자신의 실수에 대해 늘 변명에 급급한 사람들이다. 실수를 실수로 받아들이지 않고 틈만 나면 변명하기 때문에 결국은 실패자가 되고 마는 것이다.

오십 대에 들어선 사람들 역시 인간인 이상 어쩔 수 없이 실수는 따라다니기 마련이다. 하지만 이때마다 습관적으로 변명을 늘어놓는 사람들을 보면 안쓰러울 뿐이다. 우리 주변의 많은 사람은 변명으로 자신의 실수를 합리화하려고 한다. 그러나 어느 정도 연륜이 쌓인 오십

대 이상에 있는 사람들의 변명은 주변인들로부터 외면당할 수밖에 없
다. 이런 사람들은 그냥 자신의 실수를 '쿨'하게 인정하는 것이 오히려
신뢰를 얻을 수 있다.

오십이 넘은 나이, 실수는 치명적이라는 사실을 마음속에 새겨두자.

또한, 실수가 두려워 아무것도 하지 않는 것보다 일단 시도해 보는
것이 중요하다는 사실은 오십 대에도 변치 않는 진리다. 돌다리도 두
들겨보는 심정으로 최대한 실수를 줄여나가기 위해 노력하면 된다.
그러다 보면, 앞으로 닥칠 수 있는 위험한 장애물도 점차 사라져 갈 것
이다.

실수는 빨리 바로잡아라

실수를 인정하고, 실수에서 교훈을 얻어라.

실수의 원인을 정확히 파악하고, 그에 맞는 해결책을 찾아라.

실수를 두려워하지 말고, 자신감을 가져라.

실수를 통제할 수 있도록 피드백 장치를 마련하라.

과도한 욕심을 버리고, 달성이 가능한 목표를 설정하라.

오판 Misjudgment

단 한 번이란 생각을 버려라

"세상 사람은 모두 자기의 기억력을 개탄한다.
그러나 누구도 자기의 판단력을 개탄하지 않는다."

- 라 로슈프코

우리는 살아가면서 종종 "이번뿐일 거야!", "문제가 발생하더라도 잘 헤쳐 나갈 수 있을 거야!"라고 말한다. 그러면서 심각한 상황을 대수롭지 않게 넘기는 경우가 많다. 또한, 다른 사람에게는 불행한 일이 발생해도, 자신에게는 그런 일이 발생하지 않을 것이라는 자만심에 빠지기도 한다. 하지만 "나만은 예외일 거야!"라는 생각은 대부분 착각인 경우가 많다. 곰곰이 생각해 보면 이러한 생각에는 두 가지 문제가 있다.

첫째, "나만은 예외일 거야!"라는 생각은 현재 상황만 보고 미래를 예측하기 때문에 발생한다. 하지만 나를 포함한 모든 사람은 미래를 예측할 수 있는 능력이 제한되어 있다. 예를 들어, "이번 시험에 무조건 합격할 거야."라는 확신은 공부를 열심히 했다는 자신감에서 비롯되는 경우가 많다. 하지만 시험에 어떤 문제가 출제될지는 그 누구라 하더라도 정확하게 예측하기 어렵다. 또한, 어느 과목이든지 예상을 벗어난 문제가 나올 여지는 항상 존재한다.

둘째, 불확실성을 회피하고 기존 판단을 고수하려는 습관에서 잘못된 확신이 생긴다. 불확실성으로 인하여 결정을 내리기가 어려우면, 우리는 흔히 과거의 패턴에서 해결책을 찾아내려 한다. 하지만 이러한 접근 방식은 불확실성에 대한 합리적인 대안을 선택하는 데 있어 장애로 작용하는 경우가 많다. 왜냐하면, 급격한 상황 변화에 관한 변수를 고려하지 못한 해결책은 언제든지 무너질 수 있기 때문이다.

나 역시 예외가 아니었다. 개인적으로 담배를 피우기 시작한 시기는 대학교를 졸업한 이듬해였다. 어릴 때부터 후두가 약하고 집안에 폐암 내력이 있어 담배를 피우지 않으리라 다짐했었다. 군대와 대학 시절에도 담배를 피우지 않았다. 그렇지만 대학 졸업 후 시작된 첫 직장에서의 유혹을 물리치지 못했다. 직장생활의 스트레스로 인해 담배를 피우게 된 것이다. 당시에는 젊었기 때문에 마음만 먹으면 언제든지 담배를 끊을 수 있다는 잘못된 확신을 지니고 있었다.

그렇지만 오십이 넘은 나이가 되어서도 담배를 끊지 못했다. 새해가 시작될 때마다 매번 금연을 다짐했지만, 항상 담배의 중독성에 무너지고 말았다. 흡연 경력 20여 년 동안 실제로 담배를 끊었던 기간은 모두 환산해 봐야 100일 정도밖에 되지 않는 것 같다.

그러던 중 건강검진에서 폐에 결절이 있다는 충격적인 결과를 받게 되었다. 의사는 즉시 재검을 권고했다. 재검 날까지 태산 같은 걱정 속에서 하루하루를 지낸 기억이 지금도 생생하다. 다행스럽게도 종양이 아니라는 진단이 나왔고, 안도감 속에서 오랜만에 편하게 잠에 들 수 있었다. 이런 일을 겪은 이후에는 과신에 기댄 노력과 확신만으로는 어느 것도 해낼 수는 없다는 것을 깨달았다. 불확실성이 높은 상황에서는 여러 변수를 염두에 두고, 자신의 한계를 극복하려는 노력이 필요하다는 것도 알게 되었다.

관우, 잘못된 확신으로 화를 당하다

조조는 유비가 한중을 차지하고 왕에 올랐다는 소식을 듣고 크게 노하여, 즉시 군사를 이끌고 유비와 승부를 겨루려 하였다. 그러나 사마의가 나와서 말했다.

"폐하께서는 한순간의 분노로 수많은 군사를 죽음으로 몰아넣어서는 안 됩니다. 활 한 번 쏘지 않고 유비를 꼼짝 못 하게 할 수 있는 계책이 있습니다. 촉의 군사들이 약해질 때까지 기다렸다가 한 명의 장수를 보내기만 하면, 일은 의외로 쉽게 풀릴 것입니다."

"그럼, 그 계책을 자세히 말해보시오."

"손권은 유비와 자기 여동생을 결혼시켰습니다. 하지만 유비가 형주를 반환하지 않자, 여동생을 다시 불러들였습니다. 그래서 두 사람 사이에는 불화가 있습니다. 지금 언변이 뛰어난 사자를 보내어 형주 공략을 설득하면 양천의 군사를 이끌고 형주로 떠날 것입니다."

조조는 강동의 손권에게 사자를 보냈고 조조의 편지를 받은 손권은 참모들과 의논하였다.

먼저, 고옹이 말했다.

"일단 유비와 협공을 약속하고, 따로 형주에 첩자를 보내 관우의 동향을 살피는 것이 좋겠습니다."

제갈근이 이어서 말했다.

"관우에게는 딸이 하나 있습니다. 제가 가서 혼담을 꺼내 왕자님과 관우의 딸을 혼인시키자고 하겠습니다. 그가 허락하면 함께 조조를 격파하고, 허락하지 않으면 조조와 손을 잡고 형주를 공격하면 됩니다."

손권은 제갈근을 형주로 보냈다. 그는 관우를 만나 자초지종을 설명했으나 겨우 목숨을 건지고 도망쳐 나왔다. 그러자 손권은 격노하여 참모들을 불러 조조와 손잡고 형주를 공격하라고 명령했다.

관우는 요화를 선봉으로, 관평을 부장으로 삼고, 마량과 이적을 참모로 하여 함께 출전하였다. 조인은 관우의 공격에 맞서 싸웠으나 패배하여 번성까지 후퇴하였다. 이때, 위나라의 서황이 지원군을 이끌고 번성에 도착하였다. 관우는 촉나라의 유봉과 맹달에게 지원군을 요청했으나 두 사람 모두 지원군을 보내지 않았다.

한편, 오나라 여몽은 촉나라에 잘 알려진 자신을 대신하여 육손을 국경으로 보내 일단 관우를 안심시켰다. 그러자 관우는 오나라 군대를 방어하던 병사들을 대부분 빼내어 위나라가 지키고 있는 번성을 공격하였다. 이때를 기회로 여몽은 촉나라의 강릉과 공안을 공격하여 함락시켰다.

또한, 육손은 이릉에 주둔하면서 촉나라의 지원군을 차단하였다. 뒤늦게 오나라의 계략을 알게 된 관우는 빼앗긴 성을 되찾기 위해 남하를 시작하였다. 하지만 오랜 전쟁에 지친 병사들은 대부분 이탈하였다. 상황이 불리해진 것을 알게 된 관우와 아들 관평은 달아나다가 오나라의 마충에게 붙잡혔다.

처음에 손권은 관우의 처형을 망설였다. 그러자 여몽은 "이리 새끼는 키울 수 없습니다. 훗날 반드시 해가 될 것입니다."라며 관우의 처형을 강력하게 주장하였다. 손권은 어쩔 수 없이 관우와 관평을 처형하고 관우의 목을 조조에게 보냈다. 그러자 조조는 제후의 예로써 장례를 치러주었다.

오십, 세상을 읽는 능력을 키워라

오나라와의 전쟁에서 비롯된 관우의 죽음에 관해서는 생각해 볼 점이 많다. 전후 관계를 잘 살펴보면, 관우는 스스로 죽음을 자초했다. 우선, 관우는 손권 아들과의 혼인 문제를 너무 감정적으로 대처하여 외교 문제를 키웠다. 이는 형주성을 포함한 대부분의 군사적 요충지를 빼앗기는 결과로 이어졌고, 관우 자신의 목숨까지 잃게 되었다. 또한, 관우는 적장에 관해 잘 알지도 못한 상태에서 형주성의 병력을 위나라 쪽으로 이동시키는 실수를 저질렀다. 관우의 대인 관계도 마찬가지였다. 평소에 유봉과 맹달을 덕으로써 잘 다스렸다면, 이들로부터 외면당하는 일도 없었을 것이다.

관우는 유비를 도와 그동안 태산 같은 공적을 세웠다. 그럼에도 인생 말년에는 이처럼 군 지휘관으로서 많은 문제점을 지니고 있었다. 결국, 그는 나이가 들면서 쌓인 아집을 극복하지 못하고 잘못된 판단 탓에 죽음에 이르게 된 것이다.

우리 역시 마찬가지다. 오십이라는 나이에 이르러 많은 경험이 쌓이게 되면, 우리는 알게 모르게 과도한 자신감에 빠지는 경우가 많다. 어쩌면 이는 당연한 일일지도 모른다. 오십 대에 이르면, 온갖 세상 풍파를 겪어내면서 자기만의 인생철학이 공고해지기 때문이다. 그렇지만 이는 나만의 착각일 수도 있다는 점을 늘 경계해야 한다. 우리 주변을 둘러보면 이는 명백해진다.

흔히 직장에서 '꼰대'라 불리는 연령층을 잘 살펴보자. 아마 오십 대가 가장 큰 비중을 차지할 것이다. 물론 이런 특징을 모든 오십 대에게 일반화할 순 없다. 그런데도 오십 대가 되어 꼰대라고 불리는 사람이 유난히 많아지는 것은 무엇 때문일까? 아마도 경험이 풍부하다는 측면에서 비롯되었을 것이다. 오십 대들의 "내가 해봐서 잘 아는데", "나 때는 말이야!"라는 발언은 그동안의 경험을 바탕으로 한 조언일 것이다. 하지만 세상은 빠르게 변화하고 있고 과거의 경험은 지금 상황에 그대로 적용되지 않는다. 그러므로 과거의 경험에만 의존하지 말고, 세상의 변화를 적절히 읽어낼 수 있는 눈을 키우는 것이 중요하다.

그러면 세상을 올바르게 읽어내기 위해서는 어떻게 해야 할까?

우선, 세상에 대한 호기심을 잃지 않아야 한다. 하지만 살아가면서 세상에 대한 호기심은 점점 줄어들기 마련이다. 매일 반복되는 일상에서는 새로운 것을 발견하기 어렵고, 나이가 들수록 익숙함에 사로잡히게 된다. 이를 극복하기 위해서는 지갑 속에 넣어 두었던 호기심을 밖으로 꺼내야 한다. 또한, 세상을 보는 시각도 넓혀나가야 한다.

예를 들어, 평소에 관심이 없던 분야의 책을 읽거나 색다른 커뮤니티에 참여하는 것도 호기심과 시각을 넓히는 좋은 방법이다.

우리의 가치관과 지식은 그동안 살아온 경험 속에서 형성되었다는 점을 기억해야 한다. 잠시 핸드폰을 내려놓고 생각해 보자. 그러면 그동안 살아온 경험 속에서 형성된 가치관과 지식이 내 머릿속에 자리

잡고 있음을 느낄 수 있을 것이다. 오십이 넘은 나이에도 가치관과 지식이 퇴보하지 않도록 꾸준히 재충전하는 일은 중요하다. 이를 위해서는 날마다 책 읽기, 명상 그리고 저널링(Journaling) 등과 같은 방법을 실천해 보자. 이런 시간을 조금씩 쌓아가다 보면, 내 머릿속에 있는 고정관념도 다시 재부팅된다. 이렇게만 된다면 세계관은 지속해서 확장되어 갈 것이고, 세상을 관조할 힘도 얻을 수 있다.

또한, 다양한 매체를 통해 최신 정보를 접하면서 세상의 흐름을 이해하는 능력을 키워야 한다. 이를 위해서는 인문학 채널이나 온라인 뉴스 정기 구독하기, 시사 유튜브 채널 시청하기 등을 꾸준히 실천해 보자.

다만, 아무 생각 없이 수동적으로 다양한 매체에 접근하는 것은 위험하다. 각종 미디어는 우리의 채널 습관을 분석하여 편향된 정보만을 제공하기 때문이다. 따라서 균형감각을 가지고 반대 의견에도 귀를 기울여야 한다. 이러한 감각을 유지한다면 최신 정보가 올바른 판단을 방해하는 일은 없을 것이다.

오십, 아직 늦지 않았다. 지금 당장 시작하자.

다양한 관점을 잃지 말아라

끊임없이 새로운 것을 배우고 경험하라.

다양한 관점을 가진 사람들과 교류하라.

다양한 관점에서 정보를 분석하는 등 비판적 사고력을 길러라.

편견 없이 열린 마음으로 세상을 바라보아라.

자기 성찰을 통해 나의 행동과 생각을 점검하라.

신중 Prudence
잠시 멈춰야 보인다

"어떤 일이든지 참아낼 수 있는 사람은
무슨 일이든지 해낼 수 있다."

- 마틴 루터 킹

요즘은 모든 것이 빠르다. 아무리 속도 경쟁의 시대라고는 하지만 지나치게 빠른 것 같다. 학창 시절부터 직장인까지, 우리는 모두 속도에 치이며 살아가고 있다. 그래서 대한민국은 '빨리빨리'의 나라로 불리기도 한다. 이러한 속도 경쟁 속에서 우리는 점점 지쳐가고 있다.

2012년 10월, 미국 뉴저지에 거주하던 중 100년 만에 최대 규모인 허리케인 'SANDY'의 소식을 접했다. 허리케인이 상륙한 당일 밤, 우리 가족은 거대한 굉음으로 인해 잠을 이루지 못하고 함께 모여 있었다. 다음 날, 바람이 어느 정도 잦아들어 밖으로 나가 보니 처참한 광경이 눈앞에 펼쳐졌다. 다행스럽게도 우리 집은 큰 피해가 없었지만, 고통스러운 시간이 본격적으로 시작되었다.

무엇보다도 휘발유 부족 사태가 가장 심각했다. 어느 주유소에 가든지 휘발유를 사려는 사람들이 수백 미터씩은 줄지어 서 있었다. 하지만 불평불만 없이 조용히 기다리는 미국인들의 모습을 보며 그들의 인내심에 감탄할 수밖에 없었다. 또한, 뉴욕과 뉴저지 동부 지역 대부분은 일주일 정도 정전 사태가 이어졌다. 당연히 주 정부에 대한 민심도 흉흉해졌을 것으로 생각했다. 하지만 허리케인 대응에 대해 주민 70~80%가 긍정적으로 평가했다는 설문 결과를 보면서 미국인의 인내심을 다시 한 번 느끼게 되었다.

만약 한국에서 그 정도로 정전 사태가 이어졌다면 우리 국민은 어떤 반응을 보였을까.

지금 생각해 보면, 그때가 내 인생에서 가장 힘든 시기였지만 그 과정에서 얻은 것도 있었다. 그것은 바로 가족 간의 유대감이었다. 정전으로 인해 난방이 끊기고 텔레비전도 볼 수 없게 되자, 가족 모두가 어쩔 수 없이 한 방에 모여 생활하였다. 그 덕분에 우리는 평소보다 더 많은 대화를 나누며 서로에 대해 이해할 수 있는 시간을 가지게 되었다. 전화위복이란 이런 것이 아닐까 싶다. 허리케인 'SANDY'는 우리 가족을 더욱 단단하게 묶어 주었고 서로에 대한 이해의 폭도 넓혀 주었으니 말이다.

이러한 미국에서의 경험을 통해, 속도는 문제가 아니라는 점을 깨달았다. 물론 우리나라는 6.25 전쟁의 폐허 속에서도, 세계에서 가장 짧은 시간 내에 세계 10위권의 경제 대국을 일궈 낸 것은 사실이다. 하지만 그 속도 속에서 빈부 격차는 날로 심해졌고 개인의 소외감 문제도 점점 심각해지고 있음은 부인할 수 없다. 모든 자연 현상에는 일정한 법칙이 있는 것 같다. 얻는 것이 있으면 반드시 잃는 것도 있다는 것이 그것이다.

잠시 멈춰야만 보인다는 것이야말로 지금 우리나라에 가장 적합한 말이 아닐까 싶다. 끈끈한 가족애와 건강한 사회를 되살리기 위해서는 잠시 멈추는 것만큼 좋은 방법은 없다. 지금은 속도보다는 내실을 다

질 때이다. 그러기 위해서는 잠시 멈춰 서서 주위를 둘러보는 여유가
필요하다.

채모와 장윤, 어이없는 죽음에 이르다

조조의 100만 대군이 손권이 지배하고 있는 강동 공략을 시작하자,
유비와 주유는 손을 잡고 전투 준비에 나섰다. 본래 조조의 군대는 수
상에서 싸우는 데 큰 약점을 가지고 있었다. 하지만 조조가 형주를 점
령하면서 거느리게 된 채모와 장윤 두 장수는 수상 전투에 능한 사람
들이라 주유도 걱정이 컸다. 조조는 채모와 장윤에게 수군 훈련의 전
권을 주었다. 수전에 익숙했던 이들로 인해 조조 군의 기세는 날이 갈
수록 높아갔다.

이런 상황 속에서 주유가 배를 타고 조조의 진지를 염탐했다는 사실
이 알려지자, 조조는 크게 기분이 상했다. 이때 "저는 주유와 어린 시
절부터 함께 공부한 사이입니다. 저를 보내주시면 강동군의 항복을
받아오겠습니다."라고 말하며 장간이 스스로 나섰다. 조조는 이에 껄
껄 웃으며 장간의 청을 흔쾌히 수락하였다. 하지만 장간은 주유의 역

공작(逆工作)에 말려들게 된다. 주유는 만취한 척하면서 장간의 손에 가짜 편지가 들어가도록 계략을 꾸몄다.

"우리가 조조에게 항복한 것은 부귀영화를 탐내서가 아닙니다. 부득이한 사정이 있기 때문입니다. 지금 조조 군의 진영을 배로 포위하고 있습니다. 기회를 틈타 조조의 목을 베어 바치겠습니다. 조금만 기다려 주십시오. 다시 보고드리겠습니다."

위의 글은 채모와 장윤이 쓴 것처럼 주유가 위장한 편지였다. 장간은 채모와 장윤이 주유와 내통한 것이라고 확신하면서 편지를 몰래 가지고 조조 진영으로 돌아왔다. 장간이 가져온 채모와 장윤의 가짜 편지를 본 조조는 격분하여 화를 참지 못했다. 성미 급한 조조는 바로 채모와 장윤을 불러들였다.

"지금 수군을 몰고 공격했으면 하는데 그대들 생각은 어떠한가?"
"아직 병사들의 훈련이 부족한 상황입니다."
"네 놈들은 훈련이 끝나면 나를 죽여 주유에게 보낼 놈들이구나!"

점점 얼굴이 일그러지던 조조는 즉시 둘의 목을 베라고 명령하였다. 잠시 후 조조는 자신이 주유의 속임수에 당했음을 알게 되었지만, 병사들이 눈치채지 못하게 모른 척하였다. 한편, 주유는 자신의 계략으로 채모와 장윤이 죽게 되자 크게 기뻐하였다.

오십, 조급함으로 일을 망치지 말라

채모와 장윤을 죽인 조조의 경솔함은 적벽대전 패배의 결정적 요인이 되었다. 삼국지 곳곳에서 조조의 경솔함과 조급함을 엿볼 수 있다. 하지만 채모와 장윤을 잃은 사건은 조조 인생에서 가장 치명적인 실수였다. 만약 두 장수가 살아 있었다면, 적벽대전은 조조의 승리로 끝났을 가능성이 컸다. 그러나 조조는 경솔함으로 인해 두 장수를 죽이고 삼국을 통일할 수 있는 절호의 기회를 놓치고 말았다.

중국 역사에서 대표적인 성군으로 불리는 청나라 황제 강희제는 '관인엄기(寬人嚴己)'를 강조한 사람으로 유명하다. 여기서 말하는 관인엄기는 '남에게는 관대하고 자기 자신에게는 항상 엄격해야 한다.'라는 말이다. 조조는 채모와 장윤을 전후 사정도 살피지 않고 죽인 것으로 보아, 남에게만 엄격한 사람이었다. 또한, 자신의 실수에 관해서는 눈을 감아버리곤 했던 조조는 자기 자신에게는 최대한 관대한 사람이었다. 따라서 조조의 실패는 여기서 시작되었다고 볼 수 있다. 우리가 대체로 겪는 현실도 조조와 별반 다르지 않다. 보통의 인간에 불과한 우리는 실제로 남에게는 엄격하고 나에게는 관대해지곤 한다.

특히, 개인주의가 팽배한 현대 사회에서는 다른 사람에게 피해를 주지 않는 선에서 자신만의 이익을 추구하는 경우가 많다. 하지만 우리가 사는 세상은 혼자만 살아가는 세상이 아니다. 우리는 좋든 싫든 공동체 속에서 살아갈 수밖에 없는 운명을 가지고 태어났다. 여기서 말하는 공동체란 서로 얽히고설켜 있는 공동운명체를 말한다. 어떤 사람은 남에게 피해를 주지 않고 자기 이익만을 추구하는 것이 무슨 문제가 되냐고 반문하기도 한다.

그러나 자본주의 사회에서 빈곤층 사람들이 도저히 벗어날 수 없는 곤경에 처한다면, 사회는 혼란에 빠질 수밖에 없다. 그들은 사회를 뒤집기 위해 폭동을 일으킬 것이다. 그 유명한 LA 폭동 사태가 이러한 유형의 대표적인 사례이다. 만약 우리나라에서도 유사한 사태가 벌어진다면, 아무리 많은 재산을 소유하고 있더라도 아무 소용이 없다. 내가 사회에서 독보적인 명성을 가지고 있더라도 그것 또한 무가치하게 된다. 그러기 때문에 우리가 사는 사회를 공동체로 보는 정신이 중요하다.

나이가 들어간다는 것은 성숙해 가는 과정이라고들 한다. 사십 대까지는 실수를 만회할 기회가 충분하지만 오십 대는 한 번의 실수로도 치명적일 수 있다. 여기서 필요한 것이 '잠시 멈춤'이다. 갑자기 예기치 않은 상황이 발생하면 '잠시 멈춤'의 시간을 통해 생각을 가다듬어야 한다. 오랜 경험에만 의존하여 즉흥적으로 결정을 내리다가는 조조처럼 큰 실수를 범하게 된다. 이 연령대가 위험한 이유 중 하나가 바로 여기에 있다. 오십 대가 되면 과거의 경험을 과신하여 즉흥적인 결정을 내리는 경향이 있다. 하지만 시대는 끊임없이 변화한다는 사실을 명심해야 한다. 오늘의 나는 결코 어제의 내가 아니다.

오십, 이제는 잠시 멈추고 생각을 가다듬자. 그리고 행동에 나서자. 그러면 나에게 엄격하고 남에게 더 관대한 자신을 반드시 만날 수 있을 것이다.

조급증을 버려라

중요한 결정을 내릴 때는 충분한 시간을 가지고, 모든 가능성을 고려하라.

결정을 내리기 전에 관련 정보를 충분히 수집하고, 다양한 관점에서 생각하라.

신뢰할 수 있는 사람이나 전문가의 의견을 구하라.

자기 능력과 한계를 객관적으로 판단하고, 위험을 최소화하라.

과거의 실수를 되돌아보고, 이를 통해 교훈을 얻어라.

편견 Prejudice

나도 틀릴 수 있음을 인정하라

"편견을 버리기에 너무 늦을 때는 없다."

- 헨리 데이비드 소로

"믿음을 만들어내는 데 타고난 선수이며 기쁨과 보상을 주는 믿음을 추구하는 우리 뇌의 특성을 잘 이해하라."

이는 마이클 맥과이어의 『믿음의 배신』이라는 책에 나오는 말이다. 맞는 말이다. 맥과이어의 말처럼 세상에는 나와는 다른 믿음도 분명히 존재한다. 그렇지만 우리는 자신의 믿음에 갇혀 살아가는 경향성을 가지고 있다. 이는 무엇 때문일까? 그 답은 오로지 우리 뇌 안에 있다. 사람의 뇌는 기쁨을 제공하는 일에는 관대하고 아픔을 주는 일은 외면하는 경향성을 가지고 있다. 물론 모든 사람이 그런 것은 아니겠지만 그런 경향을 보이는 사람이 많은 것도 사실이다. 나 역시 마찬가지였다.

승진의 기쁨도 잠깐이었다. 오히려 어깨가 더 무겁게 느껴졌다. 며칠이 지나자 새로운 자리가 주는 압박감도 점점 줄어들기 시작했고 생각보다 빠르게 적응해 나갔다. 직원 모두가 성실하게 일했고 맡은 업무에 최선을 다해주어 고마웠다. 물론 일하다 보면 가끔은 의견을 달리하는 직원들도 있었다. 하지만 그럴 때마다 토론을 통해 직원들을 설득해 나갔고, 모두 잘 따라주었다.

특히, 박 과장은 다른 어떤 과장보다도 더 성실하고 책임감 있게 일을 처리해 주었다. 그는 모든 부서의 업무를 총괄하는 자리에 있었고, 그의 역할이 조직 생산성에 큰 영향을 미치기 때문에 더욱 든든했다. 이뿐만이 아니었다. 박 과장은 나이가 나보다 5살 정도 많았지만, 항상 나를 배려하고 도와주었다. 점점 박 과장을 통해 조직의 상황을 파악하고 복잡하지 않은 업무는 박 과장에게 맡겨 처리해 나갔다.

그런데 시간이 지나면서 조금씩 변화하기 시작했다. 자주는 아니지만, 다른 과장들로부터 박 과장에 대한 불평을 듣게 된 것이다. 그런 말을 들을 때마다 나름대로 여러 사람의 의견을 들어보았다. 하지만 박 과장에게서 특별한 문제점을 발견하지 못했다. 다만, 박 과장이 주변 동료나 직원들을 소홀히 대하고 상사들만 챙긴다는 것에 관해서는 조금은 느낄 수 있었다. 그렇지만 업무에 있어서는 특별히 흠잡을 데 없이 최선을 다하는 것으로 보였다.

박 과장 문제를 이렇게 정리하고 나자, 더 이상의 불만은 귀에 들어오지 않았다. 8개월이 지나자, 이번에는 노조 위원장이 박 과장을 강하게 비판했다. 그가 직원들을 편 가르고 다른 동료들을 깎아내리면서까지 모든 신임을 독점하려 한다는 것이었다. 나는 박 과장이 그런 사람일 리가 없다고 생각했다. 다만, 일에 열중하다 보니 따라오지 못하는 직원들의 하소연이 와전된 것이 아닌가 싶었다.

그러다가 점점 이상한 일들이 벌어졌다. 그렇게 성실했던 박 과장이 나까지 험담의 대상으로 삼았다는 믿기 어려운 말들이 들려왔다. 나는 박 과장을 불러 그에게 그런 사실을 캐물었다. 그의 대답은 의외였다. 그는 나에게도 그런 적이 있었다고 고백하며 죄송하다는 말만 반복했다. 갑자기 정신이 아득해졌다. 상황이 이렇게 되자 정확한 진실을 알고 싶은 마음에 직원들과 비공개 대화의 시간을 마련했다. 결과는 충격적이었다. 그동안 소문으로만 듣던 박 과장의 행실은 모두 사실이었다. 아니, 내가 들은 내용을 뛰어넘을 정도로 심각했다.

박 과장은 본래 성실한 사람이었지만 윗사람의 신임에 과도하게 집착을 하는 사람이었다. 그는 자신이 받는 신임을 바탕으로 조직 내에서의 영향력을 확대하고 있었음이 분명했다. 상황이 여기까지 이르자 커다란 배신감과 함께, 그동안 이를 전혀 눈치채지 못한 책임감 때문에 자책이 몰려왔다. 결론은 모두 내 잘못이었다. 사람 보는 눈이 부족했던 내 잘못이었다.

반골상(叛骨相) 위연, 반란을 꾀하다

삼국지에는 '반골상(叛骨相)'이라는 단어가 나온다. 이는 골격이 거꾸로 된 모양이라는 뜻으로, 상황 변화에 따라 수시로 배신할 수 있는 사람을 뜻한다. 삼국지에서 제갈량은 위연을 보고 대표적인 반골상의 전형이라고 말하였다.

위연은 유비와 장사의 태수 한현이 대결하는 장면에서 강렬하게 등장한다. 한현의 장수인 황충이 관우와 여러 차례 싸웠음에도 불구하고 승부가 나지 않자, 한현은 신하에게 명하여 황충을 체포하였다. 그의 죄목은 관우와 내통하여 이길 수 있는 대결을 일부러 회피하였다는 내용이었다. 관우와 황충은 세 번의 대결을 통해 서로를 존경하게 되었고 매번 싸움에서 최선을 다하지 않은 것은 사실이었다.

상황을 지켜보던 한현은 황충을 적과 내통한 사람으로 단정하고, 그에게 사형을 선고하였다. 물론 모든 장수가 말렸지만, 한현은 꿈쩍도 하지 않았다. 드디어 황충의 목이 떨어지려는 순간, 위연이 등장하여 "황충은 장사를 지킬 큰 방패입니다. 지금 황충을 죽인다면, 그것은 백성들의 목숨을 끊는 것과 같습니다."라고 크게 소리치면서 한현의 목을 베고 관우에게 항복하였다.

상황이 이렇게 되자 관우는 크게 기뻐하며 황충과 위연을 데리고 유비에게 인사를 시켰다. 그러나 갑자기 제갈량이 나서 위연을 참수해야 한다고 목소리를 높였다.

"주인의 봉록을 받는 자가 그 주인을 죽이는 것은 불충입니다. 또한, 그 주인의 땅을 타인에게 바치는 것도 불의입니다. 위연의 관상을 보니 뒤통수가 튀어나와 있고 반항심이 강한 기질이 보입니다. 이는 나중에 반역을 꾀할 상이니, 지금 목을 자르지 않으면 나중에 큰 문제가 될 것입니다."

이러한 이유로 제갈량은 바로 위연의 목을 베려고 했다. 그러나 유비가 간신히 제갈량을 말리고 위연을 받아들였다.

이런 상황을 겪은 위연은 전장에서 많은 공을 세우며 유비의 최측근으로 성장해 나갔다. 그러나 제갈량이 죽고 병권이 다른 사람에게 넘어가자, 그는 자신의 야심을 드러냈다. 본대가 후퇴하기 직전, 그는 휘하의 병력을 이끌고 수도로 돌아와 다리를 불태워버렸다. 이로써 주력군은 적진에 고립되고 말았다. 이뿐만 아니라 그는 군대를 보내 본대를 공격하는 등 반역 행위도 서슴지 않았다.

또한, 위연은 유선에게 거짓 표문도 올렸다. 표문에는 "양의가 병권을 장악하고 위나라와 내통하여 반란을 일으키려 하니, 제가 이를 막고 있습니다."라는 내용이 담겨 있었다. 위연의 최후는 참혹함의 극치였다. 결국, 그의 거짓 표문은 발각되었고 조정은 위연을 토벌할 것을 명령하였다.

마침내 한중으로 도망친 위연 부자는 마대에 의해 붙잡혀 처형당했다. 심지어 그의 삼족까지 모조리 멸족당하고 말았다. 이처럼 위연의 사례는 인재 등용에 뛰어났던 유비의 몇 안 되는 실책으로 기록되었다.

오십, 세상을 읽는 눈을 키워라

위연의 사례에서 보듯이 사람을 잘 쓰는 것만큼 어려운 일은 없다. 열린 마음이 있어야 한다. 하지만 그것이 내 문제로 닥치면 열린 마음은 닫힌 마음으로 순식간에 바뀐다. 아무리 사려가 깊은 사람도 사람을 잘 쓰는 일만큼 어려운 일은 없다. 이는 각자가 편향된 눈으로 세상을 보기 때문이다.

오십 대가 되면 사람 보는 눈이 많이 발전하지만, 실패는 늘 따라다 닌다. 따라서 모든 것을 의심하는 눈을 기르는 것이 정말 중요하다. 우리는 지금까지 살아오면서 세상을 보는 눈을 만들어왔지만, 그 눈은 정확하지 않은 것이 현실이다. 또한, 우리의 뇌는 내가 보고 싶은 것만 확대 재생산하고 보기 싫은 것은 감추려는 본능을 가지고 있다.

특히, 사람에 관한 믿음은 개인적인 인연과 관련해서 더욱더 편향되기 쉽다. 어떤 사람을 중요한 자리에 쓸 때, 학연이나 지연이 있는 사람과 능력이 비슷한 사람 중에서 누구를 선택해야 할지 고민하는 상황을 예로 들어보자. 이때, 우리의 뇌는 능력이 비슷하다면 편한 사람을 선택하는 것이 타당하다고 유혹한다.

그렇지만 두 사람의 능력이 비슷하다고 생각하는 것은 착각일 가능성이 크다. 왜냐하면, 개인적 인연도 능력의 범주에 포함되어 있기 때문이다. 뇌는 본래 달콤한 상상을 좋아해서 나와 관계된 사람의 능력이 더 뛰어나다고 착각하게 만든다. 뇌는 본래 그런 놈이다. 우리는 이렇게 나와 관계된 사람에게는 관대하고 인연이 없는 사람에게는 엄격한 잣대를 들이댄다.

절박한 상황에서는 더 유연한 눈을 키우는 것이 중요하다. 유비가 위연을 만났을 때도 마찬가지였다. 당시 유비는 형주를 근거로 세력을 확장해야 하는 절박한 상황이었다. 그래서 위연이 주군을 죽이고 그 땅을 헌납하자 얼마나 반가웠겠는가. 하지만 제갈량은 위연의 본성을 정확하게 꿰뚫어 보았다. 당연히 위연은 제갈량의 우려대로 유비가 죽은 이후, 반역자의 길로 들어섰다. 만약 위연이 반역을 일으키지 않고 제갈량의 지시를 충실히 따랐다면 촉나라가 삼국을 통일했을지도 모른다.

오십을 넘기면, 누구나 틀릴 수 있다는 사실을 끊임없이 되뇌어야 한다. 우리의 뇌는 달콤한 상상만을 주입하는 경향이 있다. 오랜 세월 동안 우리는 이러한 뇌의 명령에 익숙해져, 그것을 깨뜨리기가 어렵다. 하지만 그것을 깨뜨리지 못하면 자신도 모르게 지옥의 구렁텅이로 빠질 수도 있다.

오십 대는 결코 간단한 나이가 아니다. 이제는 우리 주변뿐만 아니라 우리의 뇌까지도 의심해 보아야 한다. 그리고 조금 더 여유롭게 상황을 판단해야 한다. 조금 늦게 결정한다고 해서 세상이 뒤바뀌는 것은 아니다. 단지 우리의 마음만 바쁠 뿐이다. 익숙한 것과의 결별은 오십 대라고 해도 늦지 않다.

익숙한 것과 결별하라

익숙한 것과의 결별을 목표로 정하라.

익숙한 습관과 행동을 점검하고 작은 변화를 시작하라.

익숙한 것에 대한 편견을 버려라.

다양한 경험을 통해 새로운 시각을 구축하라.

새로운 일에 대한 두려움을 버려라.

겸손 Modesty

겸손한 사람만큼 강한 자는 없다

"겸손한 사람만큼 강한 자는 없다.
겸손한 사람은 자신에게서 벗어나 신과 하나가 된다."

- 톨스토이

철학을 논할 때 실존 철학의 거장 하이데거를 빼놓을 수 없다는 데는 이견이 없을 것이다. 하이데거는 서양 주류철학의 틀을 부정하고 인간 존재의 본질에 관한 근본적인 물음을 던지며 일생을 바친 철학자로 유명하다. 그에 따르면, 기존의 서양 철학은 인간 존재의 본질을 제대로 파악하지 못하고 처음부터 잘못된 길로 들어섰다고 한다.

서양의 주류철학을 살펴보려면 플라톤까지 거슬러 올라가야 한다. 플라톤은 인간을 불완전한 존재로 보았고 이데아라는 이상향을 추구하는 존재로 보았다. 이러한 이데아라는 관념은 중세 시대에 이르러 신(하나님)으로 대치되었다. 이 시기에 가장 중요한 가치는 하나님의 말씀뿐이었다.

시간이 지나 근대에 이르러 데카르트가 등장하면서 커다란 변화를 맞이한다. 데카르트는 "나는 생각한다. 고로 나는 존재한다."라는 명제를 통해 인간의 이성을 강조했다. 그리고 인간이 세상 만물의 주역이라고 주장했다. 데카르트 이후, 인간의 이성은 절대적인 위치를 차지하게 되었고 기술 문명 시대가 활짝 열렸다. 근대시대의 합리적 이성에 대한 탐구는 수많은 경험 과학을 낳았고 기술 문명 시대의 토대를 마련했다.

기술 문명 시대의 주인으로 부상한 인간은 세상 만물을 자신의 욕망을 위해 마음껏 이용할 수 있는 권능을 갖게 되었다. 지구는 인간에게 단순한 자원에 불과하였고, 우리는 끊임없이 지구를 파헤치며 살아왔다. 최근에는 서양을 따라잡기 위해 동양 국가에서도 기술만능주의가 극단화되고 있다. 그 결과, 지구는 각종 오염 물질로 가득 차고 신종 전염병이 전 세계를 휩쓸고 있다. 이는 어쩌면 하나의 생명체인 지구가 살아남기 위한 마지막 몸부림이라고 볼 수 있다.

기술 문명 시대의 위기 속에서 하이데거는 사상적 전회의 필요성을 역설하였다. 그는 서양 철학이 인간을 자연 만물의 주인으로 간주함으로써 기술만능주의를 낳았다고 보았다. 이제는 초월적 존재를 추구하는 사상에서 벗어나 '세계-내-존재'로서 인간의 자리를 재정립해야 한다고 주장하였다. 이러한 하이데거의 사상은 동양의 노장사상과도 어느 정도 일맥상통한다.

하이데거의 철학은 이성 중심주의 일변도의 서양 철학에 대한 새로운 대안으로 떠올랐다. 그의 사상은 오늘날까지 철학뿐만 아니라 교육학, 건축학 등 다양한 분야에 지대한 영향을 미치고 있다. 그러나 하이데거 사상의 위대함은 그의 잘못된 판단으로 인해 그늘을 드리우고 있다. 1933년 나치즘에 참여하여 프라이부르크대학교 총장으로 취임한 하이데거는 나치즘의 진리를 독일 민족의 과업으로 인식함으로써 독일 대학의 본질을 회복하고자 했다. 하이데거는 나치즘과 갈등하다가 총장직을 1년여 만에 사임했다. 하지만 나치즘 참여 경력은 그의 사후까지도 꼬리표처럼 따라다녔다.

현대 철학사의 거두이자 이단아라고 할 수 있는 하이데거가 진리 문제와 현대 문명의 문제점을 극복하기 위한 대안으로 나치즘에 주목했던 것은 큰 오판이었다. 하이데거가 대학에서 활동하던 당시를 보면, 그의 강의를 듣기 위해 수많은 학생이 몰릴 정도로 인기를 끌었다. 한마디로 그는 새로운 철학을 설파하는 선지자와도 같은 존재였다. 이러한 상황이 그를 자만과 오만의 길로 이끌었다는 생각이 든다. 그렇지 않다면 그와 같은 위대한 사상가가 나치즘에 매료되었다는 아이러니를 달리 설명할 방법이 없기 때문이다.

유비, 책사 방통을 잃다

유비는 제갈량을 만나기 전까지 작은 전투에서는 승승장구했다. 하지만 큰 전투에서는 연패를 거듭했다. 걸출한 장수들을 거느리고 있었지만, 전략 부재로 소패에서 대패한 후 유비는 형주 지역의 유표에게 의탁하게 되었다. 이 시기에 유비는 사마휘로부터 와룡과 봉추 중 한 사람만 얻으면 천하를 제패할 수 있다는 조언을 들었다. 이 조언에 따라 유비는 삼고초려 끝에 제갈량을 영입하면서 승승장구하게 되었다. 제갈량은 사마휘의 말대로 신출귀몰한 전략가였다.

하지만 봉추라고 불린 방통과 유비의 만남은 오랜 시간이 흐른 후에 이루어졌다. 방통은 오나라의 주유와 함께 적벽대전에서 연환계(連環計)를 사용하여 조조를 물리쳤다. 하지만 볼품없는 외모에 실망한 손권은 방통을 등용하지 않았다. 이런 상황이 안타까웠던 손권의 책사 노숙은 방통에게 유비를 찾아가라고 추천장을 써 주었다. 하지만 유비 역시 방통을 제대로 알아보지 못하고, 그를 뇌양현이라는 작은 마을의 현령으로 임명하였다.

이에 실망한 방통은 그곳에서 업무보다는 술로 세월을 보냈다. 이를 알게 된 유비는 장비를 보내 현황을 파악하게 하였다. 처음에는 장비도 방통을 오해하였다. 그러나 그의 재주를 직접 보고 깜짝 놀라 바로 유비에게 방통의 사람됨을 알렸다. 결국, 유비는 방통의 능력을 인정하여 그를 제갈량과 함께 군사(軍師)로 임명하였다.

이로써 유비는 사마휘가 말했던 와룡과 봉추를 모두 얻게 되었다. 방통은 제갈량과 비슷한 재능을 가지고 있었지만, 두 사람의 계략에는 약간의 차이가 있었다. 제갈량은 치밀한 전략가이자 명분을 중시했다. 반면, 방통은 명분보다는 실리를 더 추구한 현실주의자였다.

세상은 2명의 유능한 책사를 용납하지 않는 것 같다. 역사서를 보면 이런 사례가 많이 등장한다. 유비가 촉나라 건설의 기틀을 마련하기 위해 성도를 공격할 때의 일이었다. 성도의 군대와 일전을 앞둔 제갈량은 유비에게 다음과 같은 편지를 보냈다.

"천문으로 점을 쳐보니 나쁜 기운이 감돌고 있습니다. 이는 필시 장군의 신상에 흉한 일이 많고, 길한 일은 적을 징조입니다. 부디 신중하시기를 바랍니다."

하지만 제갈량을 질투한 방통은 자신도 천문을 보았지만, 길조가 보이니 주저하지 말고 급히 군사를 출병시켜야 한다며 유비를 독려했다. 방통의 계속된 출병 권유에 유비는 어쩔 수 없이 군사를 이끌고 진격할 수밖에 없었다. 하지만 낙성을 공격하던 중에 방통은 갑자기 마음이 불안하여 부하에게 그곳의 지명을 묻자, '낙봉파'라 하였다. 그 순간 방통은 '낙봉파는 봉황이 떨어지는 계곡을 뜻하고 그곳에서 자신이 죽을 것임'을 예감했다. 결국, 방통은 적군으로부터 날아오는 무수한 화살을 맞고 죽음을 맞이하였다.

오십, 자만심과 열등감을 버려라

방통은 제갈량과 함께 삼국을 통일할 수 있는 능력을 보유한 인물이었다. 그는 유비에게 합류한 이후, 수많은 전투에서 커다란 공적을 남겼다. 하지만 그와 같은 뛰어난 전략가조차도 제갈량과의 경쟁심과 자기 능력에 대한 과신으로 인해 어이없는 죽음을 맞이하게 된다. 방통의 죽음 이후 제갈량이 유비를 도와 촉나라를 반석 위에 올려놓기는 하였다. 하지만 삼국 통일의 영광은 위나라가 차지하게 되었다. 이는 방통의 죽음으로 인해 촉나라의 운명이 크게 달라졌음을 의미한다. 만약 방통이 살아 있었다면 역사의 흐름이 달라졌을지도 모른다.

방통의 실수는 우리에게도 언제든지 일어날 수 있는 일이다. 우리는 자신에게는 관대하고 타인에게는 엄격한 잣대를 들이대는 경우가 많다. 이러한 자기중심적인 태도를 우리 자신만 모르기 때문에 더 큰 문제이다. 그렇다면 우리 주변에서 자주 발생하는 이러한 일들의 원인은 무엇일까? 여러 가지 요인이 있겠지만, 열등감이 주된 원인이라고 생각한다. 열등감은 사전적 의미로 '자기를 남보다 못하거나 무가치한 인간으로 낮추어 평가하는 감정'을 말한다. 세상을 살다 보면, 남과의 관계 속에서 무력감을 느끼는 사람들이 많다. 이런 무력감은 열등감으로 이어질 수 있다.

인간은 타인과 비교하며 살아가는 존재다. 방통도 마찬가지였다. 그는 자기 능력을 과신하여 제갈량을 질투했지만, 자신이 열등감에 빠져 있다는 사실을 깨닫지 못했다. 그 결과 그는 갑작스러운 죽음을 맞이했다. 열등감은 마치 악마처럼 우리 주변에 도사리고 있다. 우리는 살아가면서 열등감의 함정에 빠진 사람들을 종종 만난다. 어떤 사람들은 열등감에 빠지면 자신을 자학하지만, 남에게는 피해를 주지 않기 때문에 자만심보다는 낫다고 생각하기도 한다.

자만심과 열등감은 서로 다른 듯하지만, 사실은 같은 뿌리에서 나온다. 자만심에 빠진 사람은 종종 자기 능력을 과신하여 자신만이 최고라고 생각한다. 그리고 어떤 일이든지 자기 마음대로 밀어붙이는 성향을 보인다. 이러한 사람들은 다른 사람의 의견은 듣지 않고 자기 생각만 고집한다.

열등감도 마찬가지다. 열등감은 자신에 대한 불만족과 무가치감에서 비롯되는 감정이다. 누구나 어느 정도 열등감을 가지고 있을 수 있다. 하지만 그것이 지나치게 강하면 열등감은 자신을 향하지 않고 타인을 향하게 된다. 이 경우 타인을 파괴하려는 행동으로 이어지고, 자신뿐만 아니라 주변 사람 모두에게 피해를 준다.

열등감은 개인의 노력과 성찰에 따라 달라진다. 나이가 들면서 열등감이 자연스럽게 줄어들 것으로 생각하면 오산이다. 오히려 노력과 성찰이 부족하면 열등감은 더욱 깊어지고 커지게 된다. 특히, 오십 대는 열등감이 더욱 위험한 시기다. 사회생활과 개인적인 경험이 쌓이면서 열등감은 더욱 교묘하게 자신을 옥죄어 올 수 있다. 예를 들어, 사회생활에서 성공하지 못하거나 개인적인 삶에서 원하는 것을 얻지 못하면 열등감은 더 커질 수 있다. 따라서 욕심과 경쟁에서 벗어나 현재의 나를 있는 그대로 인정하고 사랑하는 것이 중요하다.

욕심은 자만심과 열등감의 싹이다. 우리는 지금까지 욕심을 채우며 살아왔다. 하지만 오십 대가 되어서도 욕심을 내려놓지 못하면 자신은 물론 타인과 사회에도 해를 끼치게 된다. 방통의 실수를 되풀이하지 않고 빛나는 오십 대를 보내려면, 욕심을 버리고 열등감에서 벗어나야 한다. 오십 대가 되어도 서두르지 말자. 서두르면 욕심이 커지고 욕심은 자만심과 열등감을 낳는다. 서두르면 실수를 범하기 쉽다. 자만심과 열등감은 상호 보충적인 관계이기 때문에 조금은 내려놓고 겸손한 삶을 살도록 하자.

자만심을 내려놓아라

자신의 부족함을 인정하고, 성장하려는 노력을 게을리하지 말라.

내 능력을 과대평가하지 말고, 다른 이의 의견을 항상 경청하라.

다른 사람의 성공을 인정하고, 그에게 배우는 자세를 유지하라.

겸손하고, 겸손하고 또 겸손해라.

자신을 기준으로 다른 사람을 판단하지 말라.

만용 Temerity

분수를 지키는 삶이 아름답다

"어리석은 자의 특징은 타인의 결점을 찾아내고,

자신의 약점은 잊어버리는 것이라고 하겠다."

- 키케로

　취업을 위해 고군분투하던 시절이었다. 운 좋게 1차, 2차 시험을 통과하고 3차 면접을 위해 과천으로 향했다. 1, 2차 성적이 좋았기에 자신감이 있었다. 면접 내용은 잘 기억나지 않는다. 하지만 1, 2차 성적이 좋으면 3차에서 떨어지는 경우가 거의 없었기 때문에 면접이 끝나자 홀가분하였다. 대기시간까지 포함하여 2시간 정도가 지난 후, 기분 좋게 면접장을 나와 정문으로 향했다. 그런데 길 양옆으로 늘어선 좌판이 눈에 들어왔다.

면접을 마치고 나온 사람들은 그 장면에 호기심 어린 눈길을 보내며 삼삼오오 좌판 쪽으로 모여들었다. 나는 '잡상인 같은데'라는 생각으로 그냥 지나치려 했다. 하지만 함께 온 친구가 한번 구경이나 해보자고 자꾸 졸라서 어쩔 수 없이 그곳으로 발걸음을 돌렸다. 가까이 가보니 카드회사에서 신용카드에 관한 홍보를 진행하고 있었다.

수험생 신분이었던 우리는 신용카드 발급은 꿈도 꾸지 못했었다. 신용카드를 만들고 싶다는 욕구가 끓어올랐다. 처음에는 카드 1개만 발급 받으려고 했지만 연이어 늘어선 카드 홍보사의 유혹에 넘어가 나도 모르게 5개를 신청했다. 당시에는 일단 발급 받고 나중에 하나만 사용하면 된다는 생각에 그랬다.

이런 생각은 나중에 오판으로 귀결되었다. 당시에는 최종 합격 후, 정식 임용되기까지 1년간 시보 교육을 받아야 했다. 물론 이 기간에도 교육비가 지급되었지만 잠재해 있던 소비 욕구를 모두 충족시키기에는 부족했다. 아마도 2년여의 수험생 생활에 대한 보상 심리가 마음속에 가득했던 것 같다. 처음에는 지출 규모가 크지 않았다. 하지만 시간이 지나면서 통장에 찍힌 마이너스 금액은 조금씩 불어나기 시작했다.

6개월이 지난 후에는 마이너스가 점점 불어나 카드 여러 개를 돌려 쓰며 마이너스를 메꾸었다. 그러다가 마이너스가 1,000만 원이 넘어가자, 그 규모를 감당하기가 점점 어려워졌다. 하지만 마음속에는 여유가 있었다. 1년간의 교육 기간이 끝나고 월급을 제대로 받으면 마이너스를 쉽게 갚아나갈 수 있을 것이라는 자신감 때문이었다. 하지만 한번 쌓여 버린 마이너스 통장은 월급으로 조금씩 채워 넣어도 쉽게 줄어들지 않았다.

그러다가 결혼하게 되었는데, 이때도 마이너스가 1,000만 원 정도 쌓여 있었다. 때로는 부모님께 도움을 요청하고 싶었지만, 자존심이 허락하지 않았다. 결혼과 함께 나는 모든 경제권을 아내에게 넘겼다. 지금은 각자 통장을 관리하는 게 일반적이지만, 내가 결혼하던 당시에는 여자에게 경제권을 넘기는 경우가 많았다. 그런 상황에서 아내에게 마이너스 통장 상황을 털어놓았다. 다행히 아내는 잠시 고민하다가 "이번뿐이야!"라고 답하며 내 마이너스 부채를 모두 갚아주었다. 지금도 그때를 생각하면 아내에게 고마운 마음이 든다.

만약, 아내가 결혼 전에 내 마이너스 통장 상태를 알았다면 어떤 결과가 벌어졌을까. 만약 아내와의 약속을 지키지 못하고 그 이후로도 마이너스 통장을 자제하지 못했다면 지금은 어떤 상태일까. 이런 생각을 하다 보면 약간은 섬뜩해진다.

황충, 어이없는 죽음을 자초하다

유비가 동오를 침공했을 때, 전세가 불리해진 손권은 위나라 조비와 손을 잡고 유비의 공격을 막아내기 위해 손환을 출전시켰다. 손환의 아버지는 원래 유 씨 성을 가지고 있었으나 손 씨 성을 하사받고 오왕의 일족이 되었다. 손환은 당시에 불과 스물다섯 살이었다. 하지만 용맹함이 사자와 같아 손권은 수륙 양군 5만을 주어 유비의 군사에 대응하도록 하였다.

유비는 장비, 관우, 조자룡 등 뛰어난 장수들을 모두 잃은 상태였지만, 장비와 관우의 아들인 장포와 관흥이 있었다. 장포와 관흥은 손환과 여러 차례 싸웠으나 쉽게 승부를 내지 못했다. 유비는 군사를 재정비하고 세 방면으로 나누어 손환의 진영에 화공을 퍼부었다. 오나라 군대는 큰 혼란에 빠졌지만, 구원부대가 갑자기 불길이 오르는 것을 보고 급히 진격했다. 이때, 골짜기에서 매복하고 있던 장포와 관흥의 복병이 일제히 기습 공격을 퍼부어, 오나라 군대를 일거에 섬멸했다. 손환과의 전투에서 승리한 유비는 감탄하며 다음과 같이 말했다.

"지금까지 나를 따르던 장수들은 죽거나 나이가 들어 힘을 쓰지 못하게 되었다. 하지만 장포와 관흥과 같이 무예가 뛰어난 장수가 있으니 손권 따위는 두렵지 않다."

이때 손권의 기습부대가 다시 쳐들어왔다는 소식을 들은 황충은 유비의 명령을 무시하고 출전을 강행했다.

유비는 자신의 실언을 후회하며 황충이 출전한 것에 걱정이 앞섰다. 그는 부하들에게 "어서 달려가 도와주도록 하라. 그리고 조금이라도 공을 세우게 되면 곧바로 돌아오도록 하라. 황충 장군이 다치지 않도록 조심하라."라고 당부했다.

본래 황충은 형주 출신으로, 많은 전투에서 엄청난 활약을 하며 영토 확장에 큰 공헌을 한 명장이었다. 그는 그 누구보다도 앞장서서 적을 무찌르고 땅을 차지하여 그 용맹함이 전군에서 으뜸이었다. 그의 용맹함과 높은 공로 덕분에 항복한 장수라는 한계를 극복하고 그는 관우·장비와 더불어 큰 명성을 떨쳤다.

이릉 전투에서 황충은 오나라 진지를 공격하여 반장(潘璋)과 격렬하게 싸웠다. 주위에서는 만류했지만, 황충은 무모하게 적진 깊숙이 침입하다가 마충의 화살을 맞고 어깨를 크게 다쳤다. 유비는 "내가 그대를 서운하게 해서 이런 일이 생겼구나."라며 크게 후회했다. 황충은 유비가 지켜보는 가운데 75세의 나이로 숨을 거두었다.

오십, 항상 위험을 직시하고 행동하라

포호빙하(暴虎馮河)는 범을 맨손으로 잡고 황하강을 건넌다는 뜻으로, 죽음을 두려워하지 않는 무모한 용기를 비유적으로 이르는 말이다. 이 말은 논어에 나오는 '포호빙하지용(暴虎馮河之勇)'과 같은 뜻이다. 공자는 군자(君子)란 마음에 집착이 없고 자기를 알아주는 자에게 등용되면 정치적 능력을 발휘하고 그렇지 못하면 숨어버리는 사람이라고 했다. 공자는 자신과 안회(顔回)만이 그런 사람이라고 생각했다.

어느 날, 공자가 안회에게 "권력이 있는 자가 등용하면 행하고, 내치면 물러나 마음을 감출 수 있는 사람은 나와 너 두 사람뿐인 것 같다."라고 말했다. 옆에서 듣고 있던 자로는 공자가 안회에게만 관심을 보이자, 마음이 상했다. 자로는 자신도 인정받고 싶어 "만약 삼군을 통솔하실 기회가 주어진다면, 선생님께서는 누구와 더불어 일을 도모하시겠습니까?"라고 물었다. 군사에 자신이 있었던 자로는 긍정적인 대답을 기대했다.

하지만 공자는 자로의 기대와 달리 다음과 같이 말하였다. "맨손으로 범을 잡고, 맨발로 황하강을 건너다가 죽어도 후회가 없는 사람과는 함께하고 싶지 않다. 나는 반드시 어떤 일을 하든지 두려움과 함께 기꺼이 일을 성공시키는 사람과 함께할 것이다." 자로의 경솔한 태도와 무모함을 경계하기 위한 말이었다. 공자는 제자를 진심으로 아끼고 있었기에, 무모함이 그를 위험에 빠뜨릴 수 있다는 것을 우려한 것이다.

유비와 황충의 관계에서도 공자와 자로의 관계와 비슷한 측면을 찾아볼 수 있다. 유비가 황충을 늙은 장수라 표현한 것은 맞다. 하지만 황충을 전쟁터에서 잃고 싶지 않은 마음에서 나온 표현이었다. 황충은 유비의 마음을 제대로 읽지 못하고 섭섭한 마음에 무모하게 전쟁터에 나섰다가 자신의 목숨을 잃고 말았다. 황충의 무모함은 자신의 나이를 생각하지 않은 만용 때문이었다. 그 만용으로 인해 황충은 목숨을 잃었을 뿐만 아니라 주군인 유비에게까지 큰 상심을 안겨주었다.

오십이 넘은 나이에는 그동안의 경험을 자만하여 무모한 행동을 저지르지 않도록 경계해야 한다. 무모함은 용기와 비슷하지만, 용기는 위험을 무릅쓰는 것이고 무모함은 위험을 무시하는 것이다. 지나친 무모함은 위험과 후회를 낳을 뿐 아니라, 현명한 판단을 방해한다. 치밀한 계획이나 합리적인 이유 없이 위험을 무릅쓰는 행동은 종종 예측할 수 없는 결과를 초래한다.

반면에 참된 용기는 더 많은 정보와 신중한 판단을 바탕으로 행동하는 것이다. 참된 용기를 가진 사람은 목표 달성을 위해 도전하지만 무모함과는 거리가 멀다. 왜냐하면, 그들은 필요한 대책과 계획을 미리 준비하기 때문이다. 무모한 행동으로부터 보호받기 위해서는 자기 균형을 유지하면서 신중한 계획과 대비책을 마련하는 것이 필수적이다.

또한, 주변 사람들로부터 조언을 구하고 다양한 경험을 통해 배움으로써 무모한 선택으로 인한 부정적인 결과를 피하는 노력도 중요하다.

특히 오십 대는 인생의 중반을 넘어선 시기이다. 이 나이에는 신체적, 경제적, 사회적 변화가 급격하게 일어난다. 몸은 예전 같지 않고 경제적 부담도 늘어나면서 가족이나 친구들과의 관계도 달라진다. 이러한 변화 속에서 무모한 행동을 계속하는 것은 위험하다.

무모함을 끝내기 위해서는 먼저 자신의 상황을 객관적으로 파악해야 한다. 신체 상태, 경제 상황, 가족 상황 등을 솔직하게 직시하고 무모한 결정이 이런 상황에 미치는 영향을 고려해야 한다. 무모함을 끝내는 일은 쉽지 않다. 하지만 올바른 판단과 계획을 통해 무모함을 피하는 노력을 꾸준히 전개해야 한다. 그렇지 않으면 안정적이고 만족스러운 노후 생활은 뒤따르지 않는다.

만용을 경계하라

자신의 한계와 능력을 인정하라.

과욕은 금물, 자신에게 맞는 목표를 설정하라.

작은 목표부터 이루고, 점차 큰 목표를 향해 나아가라.

항상 위험을 염두에 두고 행동하라.

순간적인 감정에 휘둘리지 말라.

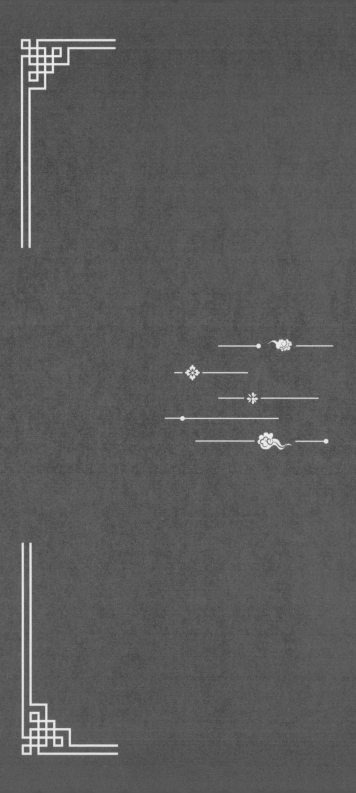

4장

오십,
도전하라! 그 속에 답이 있다

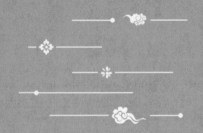

때로는 전면전으로 돌파하라

"가장 큰 위험은 어떠한 위험도 감수하지 않는 것,

즉 위험을 회피하는 것이다."

- 마크 저커버그

직장생활 중에서 3년간 외교부에서 근무한 적이 있다. 외교부에 입사한 지 1개월쯤 되었을 때, 해외 근무지 결정을 위한 협상이 시작되었다. 나는 뉴욕 근무를 원했지만, 인사팀에서는 미국 이외의 다른 나라를 고려해 보라고 했다. 하지만 나는 뉴욕 근무를 강력히 요구했다. 그러나 인사팀은 받아들이지 않았고 며칠 후 필리핀 근무를 제안해 왔다.

나는 어이가 없어 외교부와 체결된 협약서를 내밀며 다시 검토해 달라고 요청했다. 협약서에는 선진국으로 보내준다는 내용이 분명히 있었기 때문이다. 하지만 인사팀은 오히려 나에게 선진국의 기준이 무엇이냐고 물었다. 보기에 따라서는 필리핀도 선진국으로 분류할 수 있다는 것이 그들의 의견이었다. 나는 어이가 없어 필리핀을 즉시 거부하고 원래 소속기관으로 돌아가겠다고 선언했다.

"필리핀도 선진국으로 분류할 수 있다."라는 외교부 인사팀의 말은 아직도 생생하다. 그 말을 처음 들었을 때, 너무도 어이가 없었다. 물론 선진국에 대한 기준은 다양할 수 있다. 하지만 필리핀을 선진국으로 분류한다는 것은 보통 사람들의 상식과는 맞지 않다고 생각했다. 그렇게 협약서는 휴지 조각으로 전락할 위기에 처했다. 처음부터 뉴욕 한 곳만 고집한 것은 아니었다. 협상을 통해 미국의 다른 도시를 제안했다면 받아들일 생각이었다. 하지만 그들의 생각은 변함이 없었다. 결국, 나는 결단을 내렸다.

며칠간 고민 끝에 짐을 챙기고 원래 소속기관으로 돌아왔다. 미리 인사팀에 통보했음은 물론이다. 그들은 내가 그런 결정을 내릴 줄은 꿈에도 몰랐던 것 같다. 3일 정도 지나자, 인사팀에서 연락이 왔다. 외교부로 빨리 올라오라는 것이었다. 물론 다시 검토해 보자는 말도 덧

붙였다. 그렇게 외교부로 복귀하자마자, 그들은 시카고를 제안했다. 하지만 뉴욕에 가야겠다는 생각이 더 확고해졌기 때문에, 그 제안을 거절했다. 그렇게 일주일 정도 더 줄다리기를 거듭한 끝에, 마침내 뉴욕행을 확정 지었다.

지금 생각하면 상당히 무모한 선택이었다고 할 수도 있다. 하지만 그 당시에는 달리 선택할 방법이 없었다. 정통 외교부 관료 출신도 아니었고 특정한 연줄도 없었던 상황에서 나름대로 인생을 건 승부수를 던졌다. 다행히 승부수는 통했고 원하는 결과를 얻을 수 있었다. 그렇지만 시간이 많이 지난 지금 비슷한 상황이 벌어진다면, 과연 그런 선택을 다시 할 수 있을 것인지 궁금해지곤 한다.

주유, 고육지책으로 승기를 잡다

강동의 주유는 비록 수군 장수인 채모와 장윤을 제거했지만, 군세의 차이가 워낙 커 고민이 컸다. 이러한 주유의 고민을 눈치챈 황개 장군은 전세를 뒤집기 위해 본인을 희생하겠다며 '고육지책'을 제안했다. 주유는 노장인 황개가 걱정되어 반대했지만 결국에는 황개의 충정을 수락할 수밖에 없었다. 여기서 말하는 고육지책이란 '자기 몸을 상해 가면서 목적을 이루는 계책'을 말하는 것이다. 오늘날에도 '고육책'이라는 단어가 많이 쓰인다.

주유와 황개는 고육지책을 성공시키기 위해 참모 회의를 열었다. 이때 주유는 비록 조조에 비해 군세는 부족하지만, 최선을 다해 전투에 임하자고 독려하였다. 그러나 황개는 "객관적으로 보면 조조를 절대 이길 가능성이 없다. 그러니 항복하는 편이 나을 것이다."라며 반발하였다. 주유는 미리 계획한 대로 황개의 목을 베라고 명령했다. 하지만 여러 장수의 건의를 받아들여 곤장 100대의 형을 내렸다. 결국, 황개는 곤장을 맞아 등허리는 살갗이 벗겨지고 살점도 찢어졌다. 이것이 고육지책이다. 주유는 이 고육지책을 그 누구도 눈치채지 못하도록 황개에게 가혹한 형벌을 가했다.

그날 밤 황개는 참모인 감택을 불러 항복 문서를 써서 조조에게 전달하도록 하였다. 물론 주유와는 미리 상의한 일이었다. 그러나 조조는 황개의 고육지책을 눈치채고, 감택의 목을 치라고 명령하였다. 절체절명의 순간에 주유 진영에 첩자로 보낸 채 씨 형제로부터 황개의 투항이 사실이라는 밀서가 도착했다. 그러자, 조조는 황개의 투항을 받아들이기로 약속하였다. 제 꾀에 넘어간 셈이었다. 아마 조조가 주유 진영에 채 씨 형제를 첩자로 보내지 않았다면, 황개의 고육지책은 무용지물이 되었을 것이다.

결국, 황개의 고육지책으로 인하여 적벽대전에서 조조의 함대는 모두 불에 타버렸다. 이를 기점으로 주유와 유비의 연합군은 총공세를 펼쳐 조조의 나머지 군대도 모두 격파하였다. 이처럼 고육지책은 적벽대전의 승패를 결정한 신의 한 수였다. 이를 통해 손권은 대부분의 강동 땅을 손에 넣었다. 유비 역시 형주를 차지하며 촉나라를 건립할 발판을 마련하였다.

오십, 궁여지책은 반드시 피해라

황개의 고육지책은 현대를 살아가는 우리에게도 시사하는 바가 크다. 우리가 살아가는 지금의 세상도 삼국지 시대와 크게 다르지 않기 때문이다. 삼국지 시대에는 정복 전쟁 과정에서 고육지책이 많이 쓰였다. 지금도 하루하루 생존 경쟁을 벌이는 상황 속에서 고육지책이 많이 쓰인다. 고육지책은 자기 몸을 해치면서까지 목적을 달성하기 위한 계책을 말한다. 반면에 궁여지책은 그때그때의 상황에 따라 어쩔 수 없이 선택하는 계책을 말한다. 따라서 고육지책과 궁여지책은 엄연히 구별되는 개념이다. 현대인들은 이를 종종 혼동하여 사용하지만, 두 가지 개념은 구별하여 사용해야 한다.

'궁여지책'은 곤궁한 상황에서 어쩔 수 없이 짜낸 방책이다. 예를 들어, 탈세 등 스캔들에 휩싸인 연예인이 활동을 중단하는 것은 궁여지책의 대표적인 사례이다. 진정으로 잘못을 뉘우친다면 은퇴를 선언하고 복귀 가능성을 완전히 차단하면 된다. 그러나 물의를 일으킨 연예인들은 대개 잠시 활동을 중단한 뒤, 대중의 관심이 뜸해지면 다시 복귀하는 경우가 많다. 불법행위를 저지른 사업주들도 마찬가지이다. 회사에서 중대 사고가 발생하면 국민에게 사과하고 경영 일선에서 물러나는 경우가 있다.

그러나 이들은 형식적으로 경영 일선에서 물러나 있을 뿐, 보이지 않는 손으로 여전히 사업체를 좌지우지하는 경우가 많다. 물론 진심으로 경영 일선에서 물러나는 사람도 있겠지만 그렇지 않은 사람을 더 자주 보게 된다. 이상의 두 가지 사례는 대표적인 궁여지책이라 할 수 있다. 즉, 불리한 상황에 몰려 어쩔 수 없이 임시방편으로 마련한 방책이 바로 궁여지책이다. 이러한 궁여지책은 상황이 나아지면 원래대로 되돌아가는 경향성이 있다.

반면에 '고육지책'은 어려운 상황을 벗어나기 위해 자기 몸을 희생하면서까지 마련한 방책이다. 고육지책은 궁여지책과 달리, 주어진 상황을 적극적으로 돌파하기 위해 자기의 모든 것을 걸고 마지막 승부수를 던지는 행위이다. 인생을 건 도박이 곧 고육지책이라고 할 수 있다. 우리는 고육지책의 승패에 따라 천국과 지옥을 경험하기도 한다. 성공하면 달콤한 열매를 거둘 수 있지만, 실패하면 인생은 나락으로 떨어질 수도 있다.

누구나 궁여지책과 고육지책의 상황에 직면할 수 있다. 오십 대가 되면 이 둘을 분명하게 구분할 줄 알아야 한다. 고육지책은 성공하면 큰 보상을 얻지만, 실패하면 치명적인 결과를 초래한다. 따라서 오십이라는 나이에 고육지책을 사용하기 위해서는 고민에 고민을 거듭해야 한다. 사십 대까지는 고육지책이 실패하더라도 다시 일어설 시간이 충분하다. 하지만 오십 대에는 그렇지 않다. 따라서 고육지책을 사용하기 전에 모든 가능성을 고려하고 최악의 상황까지 대비하는 것이 바람직하다.

궁여지책도 마찬가지이다. 오십이라는 나이에 궁여지책을 잘못 사용하면 추해 보일 수 있다. 궁여지책은 불가피한 상황 속에서 긍정적인 목적을 달성하기 위해 사용해야 한다. 그렇지 않고 순간의 위기를 모면하거나 남의 눈을 가리기 위해 사용한다면 나중에 큰 화를 입을 수 있다. 남을 속이기 위한 궁여지책은 한두 번 통할 수 있다. 하지만 진실은 반드시 밝혀지게 마련이다.

궁여지책과 고육지책은 양날의 칼과 같다. 그것을 어떻게 사용하느냐에 따라, 오십 대의 삶이 달라진다는 점을 가슴에 새기자.

무모한 선택을 피하라

상황을 정확히 파악하고, 적절한 고육지책을 선택하라.

고육지책을 선택하기 전에 부작용을 반드시 점검하라.

고육지책은 반드시 최후의 수단으로 활용하라.

고육지책도 통하지 않을 경우의 대비책을 반드시 마련하라.

궁여지책은 될 수 있으면 사용하지 마라.

간절히 원하면 이루어진다

"비관론자는 모든 기회에서 어려움을 본다.
낙관주의자는 모든 어려움에서 기회를 본다."

- 윈스턴 처칠

"좋은 책을 읽는 것은 과거 몇 세기의 가장 훌륭한 사람들과 이야기를 나누는 것과 같다."

프랑스 근대 철학의 거두 데카르트가 한 말이다. 독서는 과거의 지혜를 배우고 미래를 준비하는 데 있어 가장 효과적인 방법이다. 우리는 살아가면서 다양한 경험을 통해 세상을 이해하고 성장해 나간다. 하지만 그 경험은 어디까지나 개인적인 한계를 지닌다. 독서를 통해 우리는 과거의 위대한 인물들이 쌓아 올린 지식과 경험을 접할 수 있다. 이를 통해 우리는 세상을 보는 시야를 넓히고 더 나은 삶을 위한 방향을 설정할 수 있다.

그렇지만 지구 역사 45억 년은 차치하더라도, 현생 인류의 조상인 호모 사피엔스가 15만 년 정도의 역사를 지녔다는 점을 고려하면 인류 문명의 역사는 매우 짧은 편에 속한다. 실제로 인류가 지금의 문명을 이루기까지는 불과 수 천 년밖에 지나지 않는다. 이런 점을 생각하면 인간의 지식은 우리가 생각하는 것보다는 초라한 것이 현실이다.

그렇다면, 짧은 인생 속에서 세상을 보는 눈을 키우기 위해 어떻게 해야 할까? 정답은 책에 있다. 책은 과거 동안 인류가 축적해 온 지식과 경험의 보고이다. 책을 통해 우리는 통찰력을 얻고, 위대한 인물들의 다양한 삶과 사상을 배울 수 있다. 또한, 세상을 보는 시야를 넓히고 더 나은 삶을 설계해나갈 수 있다.

나는 초등학교 때부터 독서를 좋아했다. 예체능에는 소질이 없었고 독서가 유일한 취미였다. 분야를 가리지 않고 닥치는 대로 책을 읽었던 것으로 기억한다. 그러다 보니 교양은 쌓였지만, 어느 특정 분야에 해박해진 것은 아니었다. 중학교, 고등학교, 대학교에서도 마찬가지였다. 그러다가 삶의 의미에 관해 궁금증이 커지면서 자연스럽게 철학 쪽으로 집중하게 되었다.

서양 철학과 동양 철학을 가리지 않고 고대부터 현대 사상까지 탐독했다. 많은 철학자를 만나며 나만의 사유를 키워나갔지만, 막상 책을 읽고 나면 답답함만 남았다. 그 이유는 명확한 목표 없이 책을 읽었기 때문이었다. 그러다가 우연히 하이데거의 『존재와 시간』을 접하게 되었다. 처음에는 호기심으로 읽기 시작했다. 하지만 하이데거의 난해한 사상에 점점 빠져들게 되었다. 그렇게 5년 동안 국내에 있는 하이데거 관련 단행본과 논문을 모두 읽으며 하이데거 사상에 조금씩 다가섰다.

하이데거 사상은 참으로 묘하다. 그는 서양 철학의 이단아로서, 합리론에 바탕을 둔 서양 철학의 전통을 끊임없이 비판했다. 이러한 하이데거의 사상에 깊이 빠져들면서 서양 철학 전반을 이해할 수 있는 기틀을 마련할 수 있었다. 그리고 5년의 노력 끝에, 세상을 보는 조그마한 눈을 갖게 되었다. 이것이 계기가 되어 하이데거 사상을 녹여낸

시집을 출간하였다. 또한, 철학을 전공하지 않았음에도 철학 관련 서적도 출간하게 되었다. 책을 출간하는 과정은 쉽지 않았다. 하지만 책이 세상에 나오고 사람들의 손에 쥐어지는 모습을 보았을 때, 그 기쁨은 이루 말할 수 없었다. 이러한 과정이 내 인생의 기적이라 생각한다.

우리는 살아가면서 누구나 한 번쯤은 책을 출판하는 꿈을 꾸게 된다. 나 역시 마찬가지였다. 어려서부터 책을 가까이하며 작가의 꿈을 키웠고, 우연히 하이데거를 만나면서 그 꿈에 한 걸음 더 다가설 수 있었다. 비록 아직 유명한 작가는 아니지만, 하이데거와의 만남은 내 인생의 기적이었다. 앞으로도 작은 기적들을 조금씩 모아 언젠가는 더 큰 기적을 만들어낼 수 있을 거라는 희망에 가슴이 설렌다.

제갈량, 남동풍을 일으키다

조조를 무찌르기 위해서는
불로 공격하여야 하는데
모든 준비를 마쳤음에도
동풍이 불 기미가 전혀 없구나.

서기 208년 적벽대전에서 조조 군을 무찌르기 위해 주유는 화공(火攻)을 계획했다. 하지만 바람이 불지 않자, 피를 토하며 쓰러진 주유를 보고 제갈량이 쓴 글이다. 이 글을 읽은 주유는 갑자기 얼굴에 웃음이 번지며 제갈량에게 화공 방법을 물었다. 제갈량은 스승에게 배운 '기문둔갑'이라는 천문학 지식을 바탕으로 남동풍을 불게 하겠다고 약속했다. 주유는 크게 기뻐하며, 남방산에 '칠성단'을 쌓고 군사들에게 제갈량의 지시를 따르도록 했다.

3일 동안 칠성단을 쌓고 기도했지만 바람이 불지 않자 모두 낙심했다. 하지만 3일째 밤, 거짓말처럼 바람이 불어오기 시작했다. 이 모습을 본 사람들은 모두 놀라움을 금치 못했다. 제갈량의 신통력에 감탄하면서 그의 능력을 다시 한 번 인정하게 되었다.

이때를 기점으로, 주유는 황개 장군을 선봉으로 삼아 조조의 수군에게 대대적인 화공을 퍼부었다. 당연히 조조의 수군은 물론이고 육군까지도 불바다가 되었고 조조는 적벽대전에서 대패하고 말았다. 조조 입장에서는 생애 최악의 패배였을 것이다. 100만이 넘는 대군을 이끌고도 5만여 명의 군사를 보유한 주유에게 패했으니, 조조는 죽는 날까지 적벽대전의 치욕을 곱씹었을 것이다. 적벽대전은 겉으로 보기에는 주유의 승리로 보인다. 하지만 제갈량의 남동풍이 없었다면 조조가 천하를 통일했을지도 모를 일이다.

그러면 제갈량이 신통력으로 바람의 방향을 바꾸었다는 것은 사실일까? 비록 제갈량이 기문둔갑을 배웠다고 해도, 이는 재미를 위해 과장된 부분일 가능성이 크다. 하지만 제갈량은 많은 학문에 통달한 인물이었고 천문학에도 상당한 지식이 있었다고 한다. 따라서 절기를 제대로 읽어내어 그 시기에 남동풍이 분다는 사실을 예측했을 수도 있다. 그렇지만 천문학에 문외한인 보통 사람들의 눈에는 제갈량의 통찰력이 마치 기적처럼 보였을 것이다.

오십, 간절히 원하면 망설이지 말고 행동하라

야사에 따르면, 제갈량은 어떤 노인으로부터 동짓날을 전후하여 미꾸라지가 물 위로 부지런히 들락거리면 남동풍이 분다는 사실을 배웠다고 한다. 제갈량은 천문학적 지식과 함께 자연을 세심히 관찰하여 소기의 목적을 달성한 것으로 보인다. 우리는 학문적 배움과 경험을 기본으로 간절히 원할 때 더 좋은 결과를 얻을 수 있다는 점을 제갈량의 사례에서 알 수 있다.

누구나 한 번쯤은 '왜 나는 이 모양일까?'라고 한탄할 때가 있다. 하지만 한탄만 하는 사람은 한탄뿐인 인생을 살게 될 뿐이다. 성공한 사람들의 공통점에는 긍정적인 사고방식이 있다는 사실을 기억하자. 자신의 목표를 달성하기 위해 노력하는 사람에게는 반드시 보상이 따른다. 반대로 자책하면서 시간을 보내는 사람은 실패자의 길을 걷게 된다.

한때 우리나라 출판계에서 『The Secret』과 같은 자기계발서가 크게 유행한 바 있다. 지금도 이러한 주제의 책들이 꾸준히 출간되고 있는데, 대체로 '간절히 원하면 이루어진다.'라는 내용을 담고 있다. 책을 읽은 사람들은 처음에는 책의 지침대로 열심히 따라 한다. 하지만 시간이 지나면 어느새 잊어버리고 만다. 그리고는 "간절히 원한다고 해서 꼭 이루어지는 건 아니다."라고 말한다. 하지만 과연 그럴까? 절대 그렇지 않다. 간절히 원하면 이루어진다는 명제는 사람에 따라 다르기는 하지만, 맞는 말인 경우가 많다.

간절히 원해도 이루어지지 않는다고 투덜거리는 사람들은 대개 실천 없이 단지 바라기만 한다. 어떤 결과를 간절히 원할 때, 우리는 먼저 이루고자 하는 목표를 정한다. 그리고 그 목표를 이루게 해달라고 간절히 기도하거나 자기 암시를 꾸준히 한다. 하지만 이것만으로는 부족하다. 간절함을 이루기 위해서는 강한 의지와 실천이 필수적이다. 우리 경험을 돌이켜보면, 무엇인가를 강하게 원할 때는 한 번 더 생각하고, 한 번이라도 더 그 목표에 이르기 위해 최선을 다한다. 이는 간단한 원리이다. 간절히 원하기 때문에 그만큼 더 목표를 이루기 위해 더 강력하게 실천하게 되는 것이다.

젊은 날에는 간절히 바라기만 하고 행동하지 않았을 수도 있다. 그러나 오십이 되면 기회의 폭이 점점 좁아지기 마련이다. 어쩌면 인생의 후반전을 준비하는 오십 대가 마지막 도전의 기회가 될 수도 있다. 세상을 둘러보면 오십이 넘어 인생에서 큰 성과를 거둔 사람들이 생각보다 많다. 이들은 '간절히 바라는 것'에 필요한 실천 명제를 너무도 잘 알고 있어 성공의 열매를 수확했을 가능성이 크다. 오십 대, 간절히 바라면 이루어진다. 그동안의 인생 경험을 녹여내고 실천을 몸에 체화해 나간다면 원하는 것을 반드시 얻을 수 있다. 만약 이루어지지 않았다고 해도 포기하지는 말자. 최선을 다했다면 그것으로 충분하다. 왜냐하면, 당장은 이루어지지 않았더라도 최선을 다한 결과는 어떤 형태로든 내 안에 자그마한 열매로 남아 있을 것이기 때문이다.

오십 대, 아직 늦지 않았다. 새로운 시작은 언제나 설레는 일이지만, 때로는 늦었다고 생각하기 쉽다. 하지만 그것은 잘못된 생각이다. 오십 대는 분명 경험과 지혜가 풍부한 나이이다. 오십 대라면, 자신이 원하는 것과 할 수 있는 것을 잘 알고 있을 것이다. 또한, 오십 대라고 할지라도 새로운 것을 배우고, 새로운 목표를 세우고, 새로운 도전을 할 수 있는 충분한 여력이 있다.

새로운 시작을 위해서는, 무엇보다 간절히 원하는 것이 중요하다. 원하는 목표를 달성하기 위해 노력하고 또 노력하자. 그리고 꾸준히 실천하자. 그러면 기적이라는 선물은 분명 당신의 문을 두드릴 것이다.

간절히 원하는 것을 이뤄라

무엇을 간절히 원하는지 목표를 명확히 하라.

목표를 달성하기 위한 구체적 계획을 수립하라.

목표를 달성할 수 있다는 긍정적인 마음가짐을 가져라.

포기도 습관이 된다. 어떠한 어려움이 닥쳐도 절대 포기하지 마라.

간절히 원한다면 기적을 믿어라.

언어는 존재의 집이다

"말이 있기에 사람은 짐승보다 낫다.
그러나 바르게 말하지 않으면 짐승이 그대보다 나을 것이다."

- 사아디 고레스탄

호모 사피엔스는 현생 인류를 포함하는 인간종으로 지구상에서 가장 지적인 종이라는 의미를 지닌다. '호모 사피엔스'라는 용어는 라틴어로 '지성인'을 뜻하며 1758년 스웨덴의 식물학자 린네가 처음 사용했다. 또한, 동물과 구별되는 가장 큰 특징으로 언어를 사용한다는 점을 강조하여 '호모 로퀜스'라고 불리기도 한다.

언어는 인간에게 있어 매우 중요한 의미를 내포하고 있고, 인간이 상호작용하는 데 있어 다음과 같은 기능을 수행한다.

첫째, 언어는 사고와 의사소통을 가능하게 하는 도구이다. 우리는 언어를 통해 개개인의 생각을 구체화하고 아이디어를 전달하며 상대방과 원활한 관계를 맺는다. 언어는 세상을 이해하고 소통할 수 있는 인간만의 독특한 능력이다.

둘째, 언어는 문화와 정체성을 형성하고 전달하는 핵심 도구이다. 언어를 통해 우리는 문화적 관습과 가치를 습득한다. 또한, 다른 문화권에 대한 이해와 존중을 키우고 문화적 다양성과 공존을 배우기도 한다.

셋째, 언어는 창의성과 예술적 표현을 촉진하는 도구이다. 우리는 언어를 통해 시, 노래, 소설 등 다양한 문학 활동을 하며 자신만의 정체성을 형성하고 사회에 공헌한다. 또한, 언어는 인간의 창의성과 상상력을 길러주기도 한다.

하이데거는 언어를 인간 존재와 세계와의 관계를 형성하는 가장 핵심적인 매개체로 보았다. 그는 언어가 인간의 사고와 문화를 규정하고 현실을 창조해 낸다고 믿었다. 즉, 언어는 세계를 구성하고 우리가 살아갈 현실을 만드는 중요한 도구라는 것이다. 또한, 언어는 우리에게 세상을 이해하고 행동하는 근거를 제공해 준다고 하였다. 하이데 거는 언어를 인간의 존재를 결정짓는 가장 중요한 도구라고 보았다.

우리는 언어를 통해 생각하고 관계를 맺고, 세상을 이해한다. 언어 는 우리의 삶에 있어 없어서는 안 될 필수적인 도구이다. 그러나 언어 는 때때로 치명적인 무기로도 사용된다. 인종차별, 정치적 폭력, 종교 적 갈등 등은 모두 언어를 통해 시작된다. 이러한 언어가 잘못 사용될 경우, 인간의 삶에 커다란 고통과 피해를 준다. 인종차별적 언어는 타 인에 대한 폭력과 차별을 정당화하고 정치적 언어는 갈등과 폭력을 조 장한다. 종교적 언어는 테러와 같은 극단적인 폭력으로 이어질 수도 있다. 또한, 사이버 괴롭힘은 오프라인에서의 폭력으로 이어져 사람 의 목숨을 앗아가기도 한다.

우리는 살아가면서 언어의 중요성을 간과하기 쉽다. 언어는 하이데 거가 말한 것처럼 인간의 존재를 규정하는 중요한 도구이다. 따라서 우리는 말하기 전에 그 말의 맥락을 정확히 파악하고 그 말을 사용하 는 사람의 의도와 상황을 고려해야 한다. 만약 말의 맥락을 무시하고 그 표면적인 의미에만 집중한다면, 말하는 사람의 진정한 의미를 오해하고 잘못된 판단을 내릴 수 있다.

양수, 계륵(鷄肋) 신세가 되다

서기 220년, 한중을 둘러싼 조조와 유비의 대결은 그 어느 때보다도 치열했다. 양측은 일진일퇴를 거듭하며 조금의 양보도 없이 치열한 전투를 벌였다. 그러던 어느 날, 전쟁터에서 조조와 유비가 마주쳤다. 조조는 유비를 향해 "은혜와 의리를 저버리고 조정을 능멸하는 역적 유비 놈아!"라고 소리쳤다. 유비는 조조의 말에 분노를 감추지 못하고 "나는 대한의 후손으로서 황제의 칙서를 받들고 역적을 물리치려는 것이다. 너야말로 황후를 시해하고 스스로 왕이라 칭하며, 천자와 같은 수레를 몰고 다니는 반역자가 아니고 무엇이냐!"라고 맞받아쳤다.

이 말에 격분한 조조는 총공격 명령을 내렸으나 제갈량의 치밀한 전략에 의해 오히려 궁지에 몰리게 되었다. 한편, 조조의 군대는 병참을 제대로 준비하지 못해 군 내부가 혼란스러웠고, 탈영병이 속출하여 진퇴양난의 상황에 빠졌다. 진격하자니 마초의 강력한 방어에 막히고, 철수하자니 촉나라의 조롱을 감수해야 하는 처지. 조조는 이 답답한 상황을 타개할 방법을 찾지 못하고 있었다. 그러던 중, 조조는 닭죽을 먹다가 닭의 갈비뼈를 보고 깨달음을 얻은 듯 눈을 크게 뜨고는 무릎을 쳤다. 그때 하후돈이 막사에 들어와 그날 밤의 암호를 묻자, 조조는 잠시 생각에 잠긴 후 "계륵!"이라고 대답했다. 하후돈은 이 말을 듣고 장병들에게 그날 밤의 암호가 '계륵'이라고 알렸다.

이 말을 들은 행군 주부인 양수는 군사들에게 명령하여 짐을 꾸려 철수 준비를 하라고 명령하였다. 그러자 이것을 바로 하후돈에게 알린 자가 있었다. 하후돈은 깜짝 놀라 양수를 진지로 불러 어떤 이유로 짐을 꾸리냐고 꾸짖으며 물었다. 이에 양수는 다음과 같이 대답하였다.

"오늘 밤의 암호를 듣고 위왕께서 곧 군사를 철수시킬 것이라는 사실을 알게 되었습니다. 계륵은 먹기에는 고기가 적고 버리기에는 아까운 음식입니다. 지금 상황을 보면 진격해도 승리하기 어려울 뿐만 아니라 후퇴하면 웃음거리가 되고 맙니다. 그렇다고 이곳에 오래 머물러 있는 것도 무익하므로 빨리 돌아가는 편이 낫다고 생각했습니다. 곧 위왕께서 군대를 철수시키실 겁니다. 그래서 철수 준비를 하는 것입니다." 이 말을 듣고 하후돈은 "양수의 통찰력이 뛰어나군."이라고 생각하면서 자기도 짐을 꾸리기 시작했다.

이날 밤, 마음이 심란하여 잠을 이루지 못한 조조는 진지를 돌아보았다. 그런데 군사들이 짐을 꾸리고 있는 모습을 보고 깜짝 놀라 하후돈에게 그 이유를 물었다. 하후돈은 주부인 양수가 대왕의 뜻을 정확하게 이해하고 짐을 꾸리고 있어 자신도 따라 하는 것이라고 대답했다. 이에 조조는 양수를 불러 물었다. 양수는 '계륵'의 의미를 풀이하며 대답했다. 조조는 냉담한 표정으로 "네놈은 군령을 어기고 병사들을 선동하는 놈이로구나!" 하고 소리치며 양수를 끌어내어 목을 베었다.

양수는 전부터 조조의 마음을 정확히 꿰뚫어 보는 재주를 가지고 있었다. 하지만 조조의 셋째 아들 조식에게 여러 가지 교활한 책략을 일러준 적도 있어 그를 몹시 경계하고 있었다. 조조는 분노가 가라앉지 않아 하후돈까지 처벌하려 하였으나 참모들의 만류로 그만두었다.

오십, 반드시 세 번 생각하고 말하라

세상을 살아가다 보면 누구나 이러지도 저러지도 못하는 갈림길에서게 될 때가 있다. 이때 선택한 길에 대한 확신을 바탕으로 초심을 잃지 않는다면, 아무리 난처한 상황에 빠져도 반전을 만들어 낼 수 있다. 하지만 때로는 뛰어난 지혜가 자신을 해치는 칼이 될 수 있다는 점을 명심해야 한다.

조조의 계륵에서 본 양수의 잘못은 무엇이었을까? 결론적으로, 조조는 양수를 처형한 후 철군을 강행하였다. 결국, 양수의 판단은 논리적으로 타당했다. 하지만 그는 궁지에 몰린 조조의 심기를 건드려 자신의 목숨을 잃고 말았다. 여기서 우리가 교훈으로 삼아야 할 점은, 아무리 올바른 판단이라 하더라도 상대방의 마음을 상하게 하지 말아야 한다는 점이다. 그렇지 않으면 날카로운 칼이 자신을 향할 수도 있다. 양수는 계륵 사건 이전에도 여러 차례 선을 넘는 언행을 일삼았다. 물론, 이런 일들이 발생할 때마다 조조의 심기는 불편했지만, 감내하며 마음속에 쌓아두었던 것 같다. 그랬던 것들이 쌓이고 쌓여 결국에는 계륵 사건에서 폭발했다.

주변 상황을 고려하지 않고 제멋대로 행동하다 비참한 최후를 맞이한 양수의 사례는 우리에게 세 가지 교훈을 일깨워준다. 첫째, 아무리

옳은 지혜라 할지라도 상황에 적절하게 쓰이지 않으면 가치가 없다는 점, 둘째, 스스로 뛰어난 재주를 가지고 있다고 확신하는 순간이 가장 위험한 순간이라는 점, 마지막으로 아무리 훌륭한 지혜를 가지고 있더라도 상대방의 심정을 헤아리고 조율하는 과정을 반드시 거쳐야 한다는 점이다. 만약 양수가 조조에게 "주공, 혹시 계륵이라는 뜻이 철수를 의미하는 것인지요?"라고 물어본 후에 행동하였다면 얼마나 좋았을까. 곱씹을수록 양수의 뛰어난 재주와 성급한 처신이 아쉽다.

　양수처럼 생각나는 대로 행동하다가 비참한 최후를 맞은 사례는 인류 역사에서 빈번히 발견된다. 오십 대 이후에는 주변 상황을 철저히 고려하여 행동하는 것이 더욱 중요하다. 상대방과의 관계를 고려하고 그들과 정확하게 소통해야만 오해로 인한 불필요한 피해를 막을 수 있다. 주변 상황을 무시하고 함부로 행동하는 사람은 자신뿐만 아니라 주변 사람에게도 큰 위험을 초래할 수 있다. 우리는 항상 주어진 상황을 냉정하게 판단하고 주변을 잘 살펴야 한다. 그래야만 자신과 주변 사람들의 안전을 지킬 수 있다. 그렇지 않으면 아무리 나이가 들어도 '계륵'으로 전락하고 만다.

이외에도 오십 대의 말과 행동이 중요한 이유를 두 가지 측면에서 추가로 살펴보자.

첫째, 말과 행동은 타인으로부터 존중받느냐 아니냐에 큰 영향을 미친다. 오십 대에는 다른 연령대보다 사회적 지위가 중요하다. 따라서 존중받고 싶은 사람은 상황에 맞는 말과 행동을 해야 한다. 직장에서도 후배나 부하 직원에게 함부로 말하면 존경받지 못할 뿐만 아니라 업무에도 지장을 줄 수 있다.

둘째, 말과 행동은 스트레스 관리에 중요한 역할을 한다. 오십 대는 건강관리에 각별하게 신경을 써야 할 나이이다. 따라서 적절한 말과 처신으로 스트레스를 관리하는 것이 중요하다. 가족이나 직장생활에서 스트레스를 받는다면 화를 내거나 폭언하기보다는, 적절한 방법으로 스트레스를 해소하는 것이 좋다. 또한, 긍정적인 생각과 태도를 유지하는 것도 스트레스 관리에 도움이 된다.

이뿐만 아니라 대인 관계, 경제 활동, 가족 관계에서도 적절한 말과 행동은 중요한 역할을 한다. 따라서 말과 행동을 주기적으로 점검하고 개선하는 노력을 게을리하지 말았으면 한다.

다시 말하지만, 나 역시 '계륵'이 될 수 있음을 명심하자. 상황에 따른 처신을 적절히 하지 못하여 '계륵'으로 전락한 상황을 항상 상상해 보자. 그런 연습을 꾸준히 해나간다면 분명코 '계륵' 상황에 빠지지는 않을 것이다.

항상 언행에 신중해라

먼저 생각하고 말하는 습관을 들여라.

부정적이거나 감정을 자극하는 단어 사용을 자제하라.

주변 상황에 맞는 말을 사용하는 연습을 게을리하지 마라.

항상 상대방의 말을 경청하는 습관을 들여라.

실언했다면 시간을 끌지 말고, 즉시 사과하라.

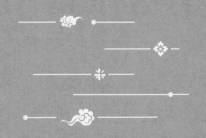

마치는 글

삼국지연의와 함께 떠난 여행은 이렇게 마무리되었습니다. 삼국지 연의는 역사의 한 장면일 뿐만 아니라 우리의 삶에 많은 교훈을 줍니 다. 전략가들의 통찰력, 지혜, 그리고 용기는 우리의 일상에 많은 영 감을 줍니다. 그리고 어려움이 닥쳤을 때, 삼국지연의의 인물들처럼 단호하게 자세를 유지하며 극복해 나갈 힘을 제공해 줍니다.

오십 대에 도달하는 순간까지, 우리는 인생에 있어 다양한 전투를 겪으며 많은 경험을 쌓아왔습니다. 지난 시간 동안 겪은 모든 순간이 우리를 이 자리에 있게 해주었으며 미래의 여정에도 밝은 등불이 되어 줄 것입니다.

이 책을 통해 여러분은 군사 전략뿐만 아니라, 인간의 감정과 윤리, 지혜로움의 중요성을 깨달았을 것입니다. 삼국지연의 속 인물들은 그들만의 독특한 매력과 결단력을 보여주며 우리에게도 긍정적인 영향을 끼칩니다. 이들이 역경을 극복하고 정확하게 상황을 판단하며, 동료와 협력하여 목표를 달성해가는 모습은 우리의 삶에 커다란 가르침을 줄 것이라 확신합니다.

삼국지연의는 단순한 역사서가 아니라, 우리 자신의 이야기와도 공감할 수 있는 부분이 많은 고전입니다. 또한, 고난과 역경을 헤치고 성취해 나가는 삼국지연의 속 인물들의 이야기는 우리의 도전과 성공을 예언해 줍니다.

삼국지연의와 함께 떠난 여정에서 '내 영혼을 적셔줄 우물'을 조금은 발견했다고 감히 말씀드립니다. 그러나 급속하게 산업화의 길을 걷고 있는 한국 사회에서 흔들림 없이 살아가는 것은 그리 쉬운 일이 아님니다. 우리는 살아가면서 매번 인생의 고비를 마주하게 됩니다. 또한, 별 어려움 없이 잘 지내던 사람도 오십 대에 이르러 새로운 도전에 나서기도 합니다. 이때, "오십이 넘은 나는 이전과는 완전히 다른 사람이다. 나는 잘 헤쳐 나갈 것이다."라고 말하며 자신을 과대평가하는 경우가 많습니다. 그러나 잘 생각해 보면 오십이 넘은 나이가 되어도 우리의 생활은 그리 순탄하지 않은 것이 현실입니다.

삼국지연의를 평생의 교과서로 삼아 읽으며, 삼국지연의의 등장인물들이 그러했던 것처럼 매 순간 결단을 내리며 살아왔습니다. 물론 순간순간을 돌아보면 뜻대로 되지 않았던 일도 많았습니다. 하지만 삼국지연의는 인생의 동반자 역할을 톡톡히 해왔습니다. 이는 모두 삼국지연의의 등장인물들 덕분이라고 생각합니다. 만약 삼국지연의를 만나지 못했다면, 과감하게 걸어갈 결단의 길도 발견하지 못했을 것입니다. 그렇다고 해서 모든 것이 완벽하다는 말은 아닙니다. 하지만 삼국지연의 속에서 수많은 가능성을 발견하고 조금씩 실천해 나갔다는 것만으로도 큰 소득이었습니다.

이 책은 기본적으로 삼국지연의의 등장인물들이 전하는 교훈을 오늘날의 삶에 적용할 수 있도록 기획되었습니다. 삼국지연의의 역사는 그 어떤 시대에도 변하지 않는 보편적인 가치를 담고 있습니다. 오십이라는 나이는 삶의 중요한 전환점으로, 계속해서 배우고 성장해 나갈 기회입니다. 삼국지연의 속에서 우리는 슬기롭고 용감하게 도전에 맞서는 인간의 모습을 발견할 수 있습니다. 또한, 역사의 흐름을 이해하고 그 속에서 얻은 교훈을 우리 삶에 적용해 나갈 수 있습니다.

이런 마음가짐으로 이 책을 읽는다면, 분명 그동안의 삶과는 다른 '새로운 관점'을 얻을 수 있을 것입니다. 오십 대가 되었다고 해도 아직 늦지 않았습니다. 그동안 쌓아 온 삶의 과정에 삼국지연의의 지혜가 더해진다면, 분명 희망찬 인생 후반기를 살아갈 수 있을 것입니다. 이 책이 여러분에게 의미 있는 여정이 되었기를 기대하며, 앞으로도 새로운 도전과 성장이 여러분을 기다리고 있음을 기억하시길 바랍니다. 그렇게 조금씩 걸어가는 여러분의 인생 후반기를 응원합니다.

참고 도서

1. 차평일, 『한 권으로 끝내는 삼국지』, 파주북, 2014

2. 최우석, 『삼국지 경영학』, 을유문화사, 2007

3. 이문열, 『이문열 삼국지』, 알에이치코리아, 2020

4. 황석영, 『삼국지』, 창비, 2020

5. 임용한, 『전략 삼국지』, 교보문고, 2022

6. 고정욱, 『고정욱 삼국지』, 애플북스, 2022

7. 박찬국, 『하이데거 '존재와 시간' 강독』, 그린비, 2014

8. 소광희, 『하이데거 존재와 시간 강의』, 문예출판사, 2003

9.   박찬국, 『삶은 왜 짐이 되었는가』, 21세기북스, 2017

10. 은파, 『철학을 만나 오늘도 잘 살았습니다』, 꿈공장플러스, 2021

11. 은파, 『어쩌다 외교관의 뉴욕 랩소디』, 대경북스, 2023

12. 마이클 맥과이어, 『믿음의 배신』, 페퍼민트, 2014